blv sportpraxis

201 richtig fußballspielen
202 richtig segeln
203 richtig segelsurfen
204 richtig tennisspielen 1
205 richtig skifahren 1
206 richtig skilanglaufen 1
207 richtig radfahren
208 richtig rock'n roll tanzen
209 richtig selbstverteidigen
210 richtig jogging · dauerlaufen
211 richtig tischtennisspielen
212 richtig reiten
213 richtig eislaufen
214 richtig leichtathletik
215 richtig volleyballspielen
216 richtig handballspielen
217 richtig fitnesstraining
218 richtig skikonditionsgymnastik
219 richtig autofahren · rallyefahren
220 jugend-reiterabzeichen
221 richtig angeln
222 richtig bergsteigen
223 richtig schwimmen
224 richtig skifahren 2
225 richtig tauchen
226 richtig badmintonspielen
227 richtig basketballspielen
228 richtig konditionsgymnastik
230 richtig skilanglaufen 2
231 teleski
232 richtig tischtennisspielen 2
233 richtig karate 1
234 richtig muskeltraining
235 richtig turnierreiten
236 deutsche skischule
237 richtig jugendtennis
238 richtig fitnessgymnastik
239 richtig fahrtensegeln
240 richtig squash
241 richtig yoga
242 spielregeln leicht verständlich
243 richtig funboard-surfen
244 richtig pistolenschießen
245 richtig wildwasserfahren
246 fußballregeln leicht verständlich
247 richtig stretching
248 richtig taekwondo
249 richtig rennradfahren

blv sportwissen

401 Konditionstraining
402 Konditionstests
403 Sportmechanik
404 Tennis-Fitness
405 Kindertraining
406 Techniktraining
407 Krafttraining
408 Bergsporttraining
409 Fußball
410 Sporternährung
411 Praxis der Sportpsychologie
412 Methodik und Didaktik im Sport
413 Sportgeschichte
414 Leistungssteuerung in Training und Wettkampf

blv sportpraxis

richtig segelsurfen

Kristian Prade

Fünfte, überarbeitete Auflage

BLV Verlagsgesellschaft
München Wien Zürich

CIP-Kurztitelaufnahme der Deutschen Bibliothek

Prade, Kristian:
Richtig segelsurfen / Kristian Prade. –
5., überarb. Aufl. – München; Wien; Zürich:
BLV Verlagsgesellschaft, 1987.
(blv sportpraxis; 203)
ISBN 3-405-13438-2

NE: GT

Bildnachweis

Alle Fotos vom Autor außer:
Akutec: S. 124
J. Kemmler: S. 71
Mistral Archiv: S. 123
U. Seer: 94/95, 116, 117
P. Stückl: S. 26, 34, 35, 58, 65, 88/89
J. Stuwe: S. 119
D. Wong: S. 56, 108, 109, 121

blv sportpraxis 203

Druck: Appl, Wemding
Bindung: Großbuchbinderei Monheim

Printed in Germany · ISBN 3-405-13438-2

Inhalt

Ausrüstung 9

Segelbrett 9
Brett-Typen 11
Mastfußschiene 12
Rigg 13
Auftakeln 16
Tampen und Knoten 18
Segeltypen 20
Richtige Segelgröße 21
Transport 22
Kleidung 24

Windsurfing-Theorie 27

Wind und Windmotor 27
Steuerung 30
Fahrtrichtung 33

Windsurfing-Praxis 37

Balanceübungen 39
Segelhochholen 39
180°-Drehung 40
Start 42
Steuerung 44
Wende 45
Halse 50
Manöverkreis 54
Gesetzeskunde 57
Ausweichregeln 59
Wetter 60
Verhalten in Notfällen 61
Grundschein 66
Konditionstraining 70

Windsurfing-Technik 73

Start 74
Wasserstart 77
360er 78
Wende mit dem kurzen Funboard 80
Halsen ohne Geschwindigkeitsverlust . . . 83
Duck-Jibe 84
Power-Halse 85
Schleuderwende 86
Stopphalse 88
Schleuderhalse 90
Fußstellung und Beinarbeit . . 92
Boardtrimm 94
Trapezsurfen 96

Brandungssurfen 98

10 Gebote 99
Starten und Anlanden 104
Wellenreiten 107
Wellen-Springen 109

Tricksurfen 110

Windsurfing-Spezial 116

Fachwortverzeichnis 120

Vorwort

Das Windsurffieber ist ausgebrochen. Unvermindert hält die rasche Ausbreitung einer der faszinierendsten Wassersportarten an. Windsurfing ist die Herausforderung an jung und alt, sich sportlich mit Wind und Wellen zu messen. Gerade für den mehr und mehr zum Sitzen verurteilten berufstätigen Menschen ist Windsurfing ein idealer Ausgleichssport.
Kaum vertreibt die erste warme Frühjahrssonne Schnee und Eis, bevölkern Windsurfer die Gewässer. Und noch lange, nachdem die Segelboote für den Winter eingemottet wurden, sieht man die bunten Dreieckssegel bei Herbststürmen über das Wasser jagen.
Windsurfing kann mit entsprechender Surfbekleidung, den warmen Neoprenanzügen, fast das ganze Jahr über betrieben werden.
Windsurfing verbindet die Faszination des Segelns mit dem berauschenden Gleiten des Wellenreitens oder auch des Skifahrens.
Diese glückliche Kombination stellt die Aktivität des Menschen in den Vordergrund, das Sportgerät bleibt Nebensache.
Windsurfing kommt aus diesem Grunde dem eigentlichen Sinn der olympischen Idee sehr nahe.

Entgegen der weitverbreiteten Anschauung ist Windsurfing eine Sportart, die nicht nur der Vollblutsportler betreiben kann, sondern an der auch alle jene ihre Freude haben, die sich nach einer anstrengenden Arbeitswoche einmal auf dem Wasser richtig austoben wollen.
Kondition ist jedoch Voraussetzung. Dieser reich bebilderte, praxisnahe Leitfaden bringt eine Fülle von Anregungen für den Profi sowie wertvolle Ratschläge für den Lernenden, welche schnell die ersten Anfängerschwierigkeiten überwinden lassen.
Und noch etwas: Wenngleich Windsurfing einige Anforderungen an die Kraft des Seglers stellt, so sollten sich auch Frauen nicht scheuen, ebenfalls »den Wind in die Hand zu nehmen«. Heute gehen die Herstellerfirmen sogar so weit, an den ganz jungen Surfer zu denken, indem sie speziell kleine Segel für Kinder herstellen.
Windsurfing ist die Herausforderung an jung und alt, sich sportlich mit Wind und Wellen zu messen.

8 verschiedene Segelbretter bei einem Vergleichstest.

Segelbrett

Das Segelbrett, auch Board genannt, ist zwischen 2,50 und 3,90 m lang. Während die etwas längeren Ausführungen mehr dem Rennsport dienen und als Hochgeschwindigkeitssurfer benutzt werden, haben kürzere Bretter bessere Allroundeigenschaften und sind deswegen häufiger anzutreffen.
Alle Segelbretter sind schmal gehalten und maximal 70 cm breit. Ein Windsurfing-Board ist deshalb ein schwankendes Gefährt, das hohe Anforderungen an die Balance stellt.
Alle Segelbretter müssen mit einem Schwert oder Kiel oder mit Finnen ausgerüstet sein, damit sie vom Wind nicht seitlich abgetrieben werden. Bei einem Großteil der Boards werden Klappschwerter verwendet, die bei Grundberührung selbsttätig nach hinten wegklappen und damit den Bootskörper schonen. Meistens werden diese Schwerter von oben in einen Schlitz im Board, den man Schwertkasten nennt, eingesteckt. Für eine bessere Richtungsstabilität sorgen eine oder mehrere Flossen, die hinten am Board angebracht sind. Bei manchen Surfboards kann auch diese Flosse abgeklappt werden, was ein variables Fahrverhalten ermöglicht. Z. B. wird für das Hot-Dog-Surfen die Flosse flach an die Unterfläche angelegt, damit das Brett noch drehfreudiger wird.
Vor dem Schwertkasten befinden sich Aussparungen für den Mastfuß. Diese sind je nach Boardtyp entweder als Hülsen oder längliche Vertiefungen ausgeführt.

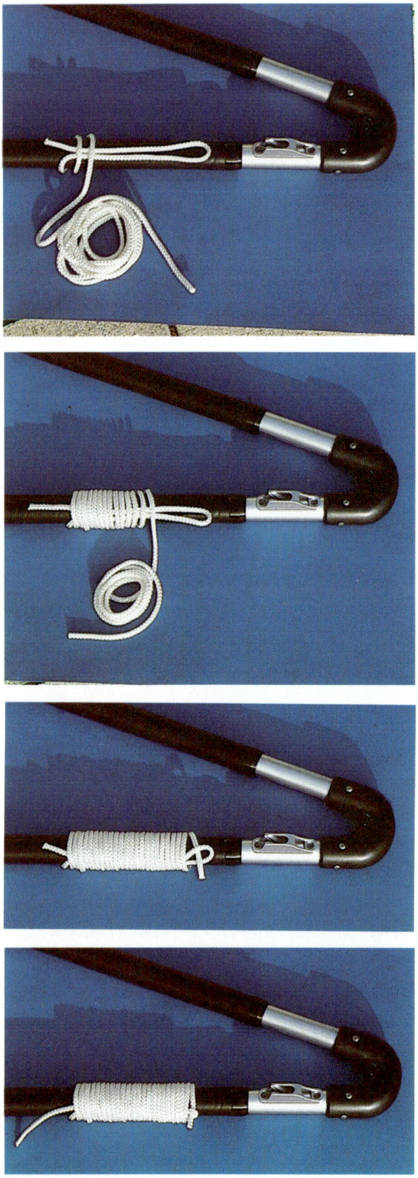

Sicherheitsleine

Windsurfen ist ein unkomplizierter Sport, bei dem das Erleben und die Auseinandersetzung mit der Natur im Vordergrund steht. Das Sportgerät ist bewußt einfach gestaltet. Obwohl die Hersteller alle Teile des Surfbrettes so sicher wie möglich fertigen, ist es angeraten, eine sog. Sicherheitsleine mit sich zu führen. Sie sollte lang genug sein, so daß man sich mit ihr auch abschleppen lassen kann. Im Bedarfsfall ersetzt sie auch Masttampen, Trimmschot oder Vorliekstrecker. Die Abbildungen links zeigen eine originelle Art, wie man diese Sicherheitsleine, fest mit dem Gabelbaum verbunden, immer mit sich führen kann, ohne daß sie stört. Man legt dazu eine Schlaufe, ca. 10 bis 15 cm lang (die Länge der Schlaufe hängt von der Länge des Tampens ab), beginnt nun den Gabelbaum mit der daraufliegenden Schlaufe zu umwickeln. Das Ende des Tampens wird durch die Schlaufe gesteckt, mit dem anderen Ende des Tampens, der noch aus der Umwicklung herausschaut, zieht man die Sicherheitsleine fest.

Eine sinnvolle Befestigung der Sicherheitsleine am Gabelbaum. Von oben nach unten zeigt Ihnen die Bilderreihe, wie dieser Spezialknoten zu binden ist.

Von links nach rechts die üblichen Brettypen: Das Allround-Board, das Allround-Funboard, das Kurz-Funboard und der Sinker.

Brett-Typen

Nachdem in den letzten Jahren eine ganze Reihe unterschiedlicher Bretter auf den Markt gekommen sind, haben sich nun vier Brett-Typen herausgebildet. Sie sind eigentlich vom Wind konstruiert worden, denn ihre charakteristischen Unterschiede sind durch die Anwendung bei verschiedenen Windbedingungen geprägt worden. Für den Einsteiger kommt das Allround-Board oder Allround-Funboard in Frage, weil es hauptsächlich bei Leichtwind verwendet wird. Das für Starkwind konstruierte Funboard verlangt mehr Fahrkönnen und die Erfahrung mindestens einer Surfsaison. Diese 3,00 bis 3,40 m langen Bretter sind nur mit viel Wind zu gebrauchen, dafür sind sie aber schneller, wendiger; man kommt dadurch dem ursprünglichen Surfsport in der Welle schon recht nahe.

Und auf die Könner warten dann die sogenannten Sinker-Bretter. Diese kleinen, kurzen, den Wellenreit-Brettern sehr ähnlichen Planken gehen tatsächlich ohne Fahrt, also wenn man im Stillstand auf ihnen steht, unter. Man hält sie nur durch Geschwindigkeit über Wasser. Da ihre kleine Oberfläche fast keinen Reibungswiderstand mehr zur Wasserfläche bietet, erreicht man mit ihnen Geschwindigkeiten und vollführt Manöver, die denen der Surfer um nichts nachstehen.

Die Ausstattung eines Allround-Boards: Normalsegel mit Latten, Brett, Kunststoffmast mit Mastfuß, gummiumwickelter Gabelbaum, Klappschwert, Segelsack mit den notwendigen Tampen und der Startschot.

Mastfußschiene

Fast alle größeren, modernen Bretter sind mit Mastfußschienen ausgerüstet. Durch sie kann die Position des Mastes auf dem Segelbrett verändert werden. Dies ist notwendig bei verschiedenen Segelgrößen einerseits und bei be-

Es gibt heute eine ganze Reihe von Gelenken, die Mast und Board verbinden. Das meistgebräuchliche ist der sog. Power-Joint, ein beweglicher Gummi. Dieser Power-Joint kann auch mit einem Gelenk aus Gummi ausgerüstet sein.

stimmten Fahrmanövern oder Kursen andererseits. So z. B. setzt man den Mast für eine schnelle Gleitfahrt ganz zurück, dadurch verkürzt sich die benetzte Fläche des Brettes.

Schwert und Finne
Man verwendet heute nur noch klappbare Schwerter. Je nach Fahrstil und Verwendungszweck benützt man lange oder kurze Finnen. Lange Finnen sorgen für stabiles Fahrverhalten, machen das Brett aber weniger drehfreudig. Kurze Finnen sind dem Anfänger zu empfehlen, denn damit läßt sich sein Brett leicht steuern.

Rigg

Alles was sich oberhalb des Boards befindet, bezeichnen wir mit »Rigg«. Dazu gehören Mastfuß, Mast, Segel und Gabelbaum.

Mast
Ein konisches, biegsames Rohr aus leichtem Polyester oder Aluminium wird beim Windsurfen als Mast verwendet. Zylindrische Aluminiumrohre sind nicht zu empfehlen, da sie zu leicht abknicken. Der Mast soll oben und unten wasserfest abgedichtet sein, damit er schwimmend Segel und Gabelbaum trägt. Der Polyestermast soll unten an seinem dicken Ende mehrfach mit einem weichen Textilband umwickelt werden, damit er

Verschiedene Gabelbaumvorderteile

an dieser anfälligen Stelle vor Schlägen geschützt ist. Sollte er einmal bei Überbelastung brechen, so kann er in den meisten Fällen mit einer Polyestermanschette wieder repariert werden. Verlangen Sie beim Fachhändler Glasfasergewebe und Polyesterharz, welches Sie dann nach Gebrauchsanleitung verarbeiten.

Gabelbaum

Mit dem Gabelbaum wird das Segel gespannt. Außerdem hält man mit ihm das ganze Rigg. Er besteht aus zwei nach außen gekrümmten Gabeln, die an ihren Enden verbunden sind. Das Gabelbaumvorderteil ist meistens noch mit einem Stoßdämpfer versehen, um den harten Aufprall des Riggs auf dem Board abzudämpfen und damit auch Löcher in der Boardoberfläche zu vermeiden. Am Ende der Gabel befinden sich Ösen oder Rollen, in denen die Trimmschot läuft. Mit ihr wird das Segel straff gespannt. Zum Starten holt man das Rigg mit der Startschot aus dem Wasser. Dieser dicke Tampen ist am Gabelbaumvorderteil befestigt und unten durch eine Gummileine mit dem Mastfuß verbunden, so daß er ständig in Griffweite bleibt.

Ausgezeichnet bewährt haben sich Gabelbäume mit einer Ummantelung aus Gummi. Sie ist hautschonend und sorgt für einen besseren, rutschfesten Griff.

Segel

Das Segel wird mit seiner Masttasche einfach über den Mast gestülpt und unten durch den Vorliekstrecker fest mit dem Mastfuß verbunden. An seinem rückwärtigen Ende, dem Achterliek, sorgen Spreizlatten dafür, daß es im Wind stabil »stehen bleibt« und nicht »abklappt«. Große Plastikfenster geben genügend freie Sicht. Werfen Sie von Zeit zu Zeit einen Blick auf die Ösen in Ihrem Segel.

Sie werden besonders beansprucht, und ein kleiner Schaden ist mit Nadel und Faden schnell behoben. In der Masttasche hat das Segel eine längliche Aussparung für den Masttampen, mit dem der Gabelbaum am Mast befestigt ist. Nach dem Surfen sollte das Segel immer getrocknet werden. Erst in trockenem Zustand legt man es dann in Falten so zusammen, daß die Masttasche eine Zickzacklinie bildet.

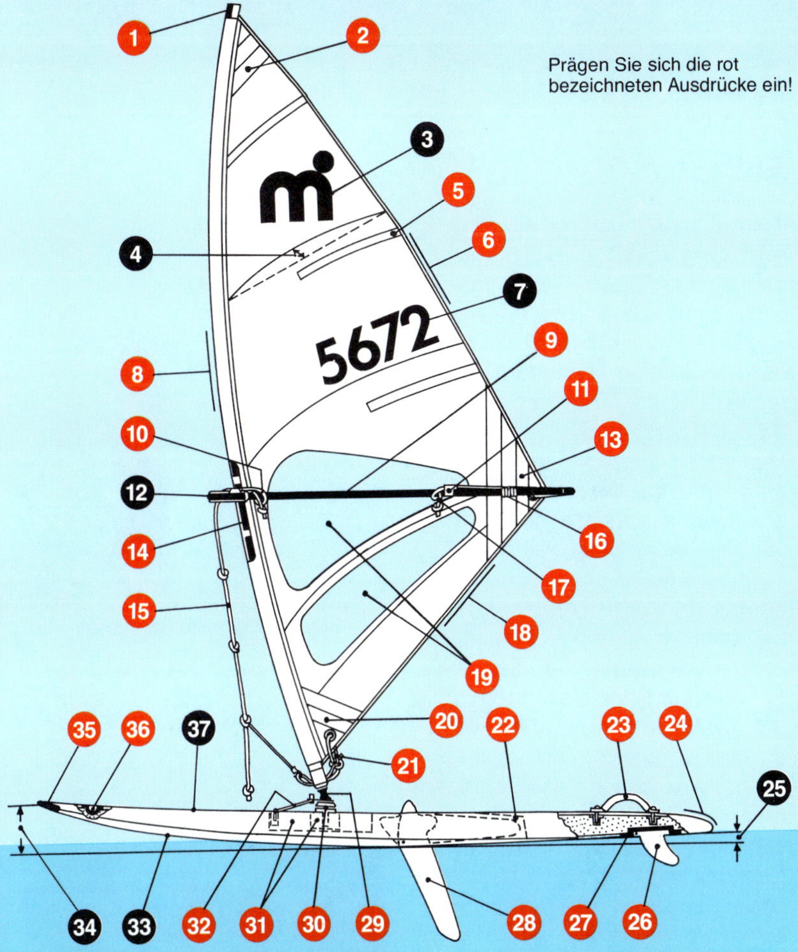

1 Mastspitze
2 Segelkopf
3 Klassen-Zeichen
4 Sehne der Segelwölbung und Profiltiefe
5 Segellatte und Lattentasche
6 Achterliek
7 Registriernummer (Wettkampf)
8 Vorliek
9 Gabelbaum
10 Masttampen
11 Belegklemme
12 Stoßdämpfer
13 Schothorn
14 Mast
15 Startschot
16 Ersatztampen
17 Trimmschot
18 Unterliek
19 Segelfenster
20 Segelhals
21 Vorliekstrecker
22 Schwertkasten
23 Fußschlaufe
24 Heck
25 Hecksprung oder Rocker
26 Finne
27 Finnenkasten
28 Schwert
29 Universalgelenk
30 Mastfuß
31 Mastfuß-Unterteil oder Schiene
32 Sicherheitsleine
33 Unterwasserschiff
34 Kielsprung
35 Bug-Stoßdämpfer
36 Abschleppöse
37 Deck (Brett-Oberseite)

Ausrüstung

Auftakeln

In wenigen Minuten ist ein Segelbrett aufgetakelt. Zuerst bindet man am Mast mit dem Masttampen einen Stopperstek. Die dafür notwendige Höhe ermittelt man so, daß man den Mast mit dem Mastfuß in das Segelbrett steckt, sich dann daraufstellt und den Knoten etwa in Schulterhöhe schiebt. Nun stülpt man das Segel mit seiner Masttasche über den Mast. Vorher wird bei den meisten Fabrikaten noch eine Mastspitze auf den Mast aufgesteckt. Jetzt wird das Gabelbaumvorderteil mit dem Masttampen fest verbunden. Am Segelhals, befindet sich eine Öse, durch die der Vorliekstrecker geführt wird und unter Verwendung eines Palsteks sowie zwei halben Schlägen belegt wird (s. Abb. S. 19). Anschließend spannt man das Schothorn des Segels in das Gabelbaumende. Dazu wird die Trimmschot durch die zweite Öse geführt und am Gabelbaum belegt. Am besten findet man den richtigen »Trimm« dadurch heraus, daß man mit der Trimmschot so lange anzieht, bis das Segel ein harmonisches Profil erhält. Grundsätzlich gilt: für wenig Wind ein etwas bauchigeres Segel – es liegt dann unter Winddruck am Gabelbaum an –, bei mehr Wind wird das Segel straffer gespannt. Zum Schluß wird noch die Startschot mit einem Gummiband am Mastfuß befestigt.

Der Stopperstek, lose gebunden.

Die Startschot wird mit einem Knoten versehen, so daß sie nicht aus dem Gabelbaumvorderteil rutschen kann.

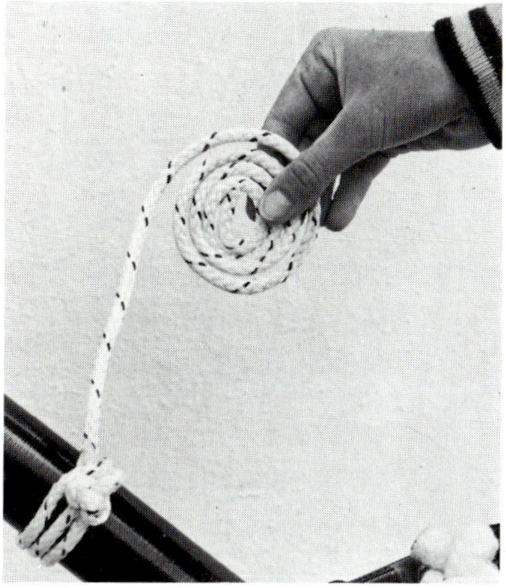

Der Stopperstek, fest zusammengezogen, so kann er nicht mehr am Mast verrutschen.

Mit den Masttampen wird der Gabelbaum am Mast befestigt. Das Ende wird mit 2 halben Schlägen belegt.

Die Gummileine wird beim zweiten Knoten von unten an der Startschot festgebunden.

Die Gummileine soll nicht viel länger als die Startschot sein, um beim Surfen nicht zu hindern.

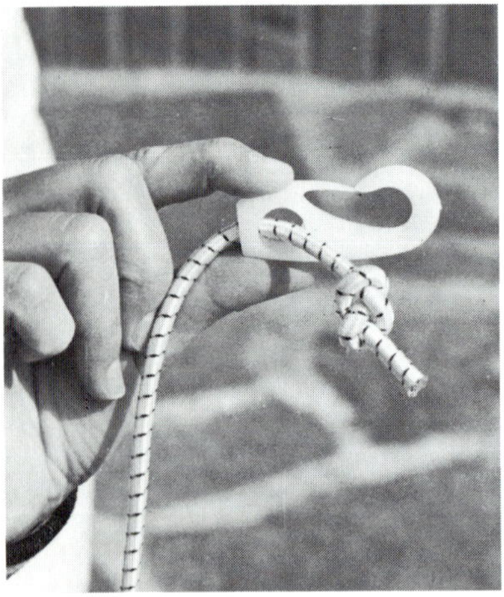

Am Ende der Gummileine bindet man einen Achterknoten und befestigt so den Kunststoffhaken.

In einer Klemme am Gabelbaum wird der Masttampen belegt.

Tampen und Knoten

Die abgebildeten Knoten sind für das Segelsurfen ausgesprochen wichtig. Es bleibt deshalb nichts anderes übrig, als diese Knoten zu erlernen.

1 Den Achterknoten bindet man am Ende des Masttampens, der Trimmschot und in das Ende der Gummileine, die so fest mit einem Haken verbunden ist.

2 Der Palstek wird am Vorliekstrecker gebunden, um einen einfachen Flaschenzug zu erhalten. Außerdem verwendet man ihn überall dort, wo eine Schlinge notwendig ist, die sich nicht zusammenziehen kann und einfach zu lösen ist.

3 Wenn es einmal notwendig wird, 2 Tampen zu verbinden, ist der Kreuzknoten angebracht.

4 Sollte man einmal zwei Tampen mit verschiedenen Stärken zusammenbinden müssen, z. B. zum Abschleppen, so benützt man den Schotstek.

5 Der Masttampen muß rutschfest am Mast angebracht sein. Der ideale Knoten dazu ist der Stopperstek.

Diese 5 Knoten sollte ein Surfer zumindest beherrschen!

Der Kreuzknoten

Der Achterknoten

Der Palstek

Der Schotstek

Stopperstek

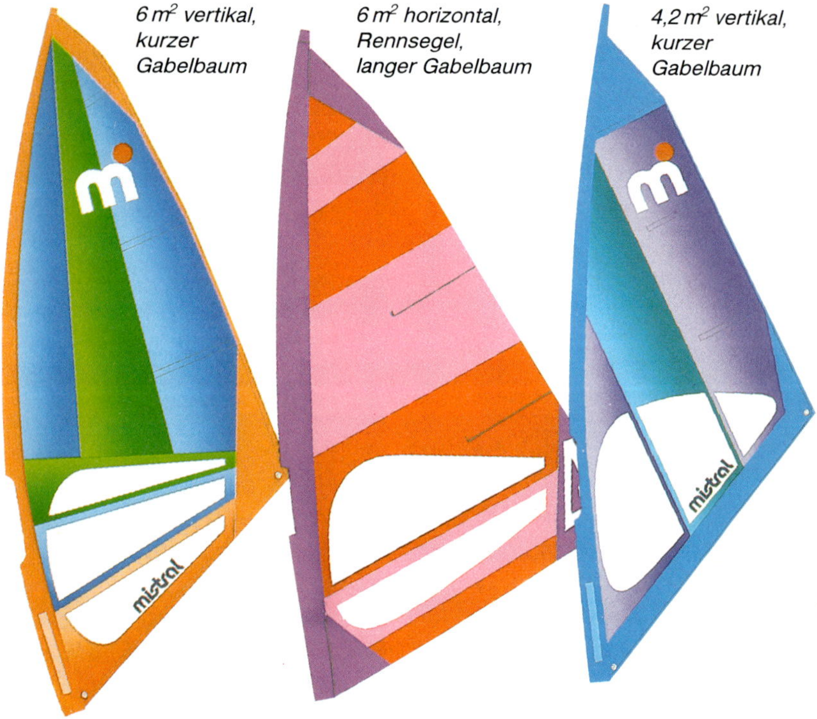

Segeltypen

6 m² Horizontal- und Biradialsegel
Diese Segel werden vorrangig auf Binnenseen bis max. 4 Beaufort eingesetzt. Durch den besonderen Schnitt, vor allem auch durch den ausgestellten Segelkopf hat es im Handling viele Vorteile. Die runde Profilform ermöglicht durch sehr guten Vortrieb Maximalgeschwindigkeit, und der kurze (2,20 m) Gabelbaum erleichtert es Anfängern, das Segel leicht zu handhaben.

Funboard-Sturmsegel
Dieses ebenfalls in Vertikal-Schnitt gefertigte Segel kann auch von Anfängern bei mehr Wind verwendet werden. Es ist aber eigentlich für das Funboard-Surfen bei extremem Wind gedacht. Große Fenster erhöhen die Sicherheit, mehrere Spritzlatten versteifen das Achterliek. Das Schothorn (Zusammenstoß von Achter- und Unterliek) ist hochgeschnitten, das verschafft Bewegungsfreiheit und macht das Rigg handlich.

Das ideale Anfängersegel mit hohlem Achterliek, groß geschnittenem Fester und kurzem Gabelbaum.

Verschiedene Segelgrößen von 3,5 bis 7,5 m^2.

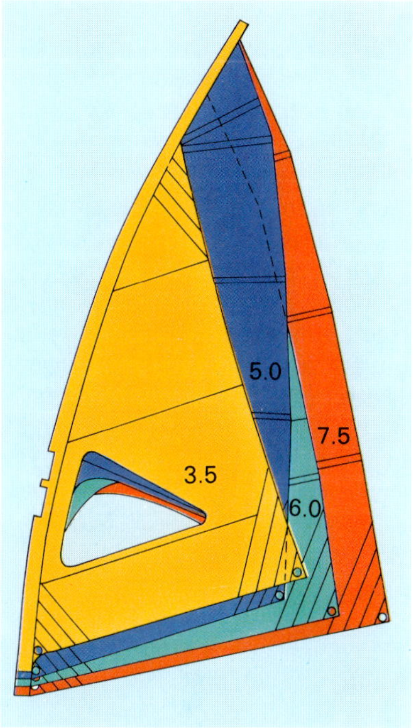

Richtige Segelgröße

Die Grafik oben veranschaulicht die verschiedenen Segelgrößen. Für den Anfänger empfiehlt sich ein Segel mit 4 bis max. 5,5 m^2 Segelfläche und einer Gabelbaumlänge von 2 bis 2,90 m. Der Mast sollte nicht zu steif und vor allem nicht schwer sein.

Das Hochgeschwindigkeits-Rennsegel mit langem Gabelbaum, flachgeschnittenem Profil und ca. 6–7 m^2 Segelfläche.

Ausrüstung

Transport

Für den Board-Transport auf dem Autodach gibt es stabile Dachträger, wie sie für den Bootstransport angeboten werden. Diese Dachständer sollten mindestens 50–100 kp Traglast aufweisen. Boards, Gabelbaum und Mast werden mit stabilen Nylonbändern festgezurrt. Diese werden mit Patentverschlüssen hergestellt, so daß mit wenigen Handgriffen das ganze Sportgerät gut auf dem Autodach verstaut ist. Segelbretter lassen sich leicht unter dem Arm tragen. Dazu faßt man mit einer Hand in den Schwertkasten des aufgekanteten Brettes. Zur Unterstützung steckt man das Schwert ein und hält mit ihm beim Tragen das Board waagrecht.
Das Segel kann bei stärkerem Wind leicht aus der Hand gerissen werden.
Tragen Sie Ihr Segel immer so, daß der Mast zum Wind zeigt.

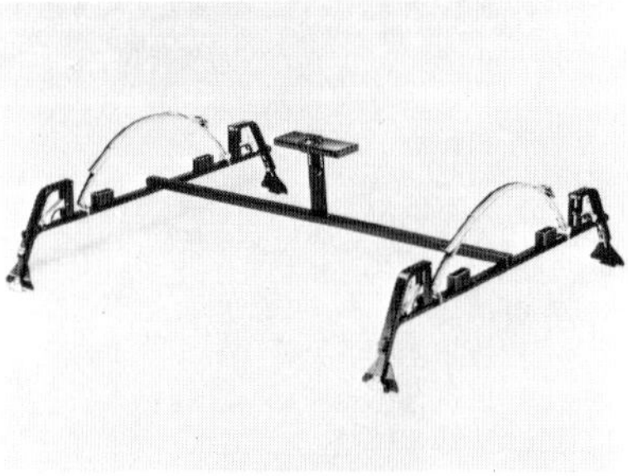

Für Windsurfing-Boards werden stabile Dachträger angeboten.

Das Segel trägt man so über dem Kopf, daß das Gabelbaumvorderteil immer zum Wind zeigt.

Ausrüstung

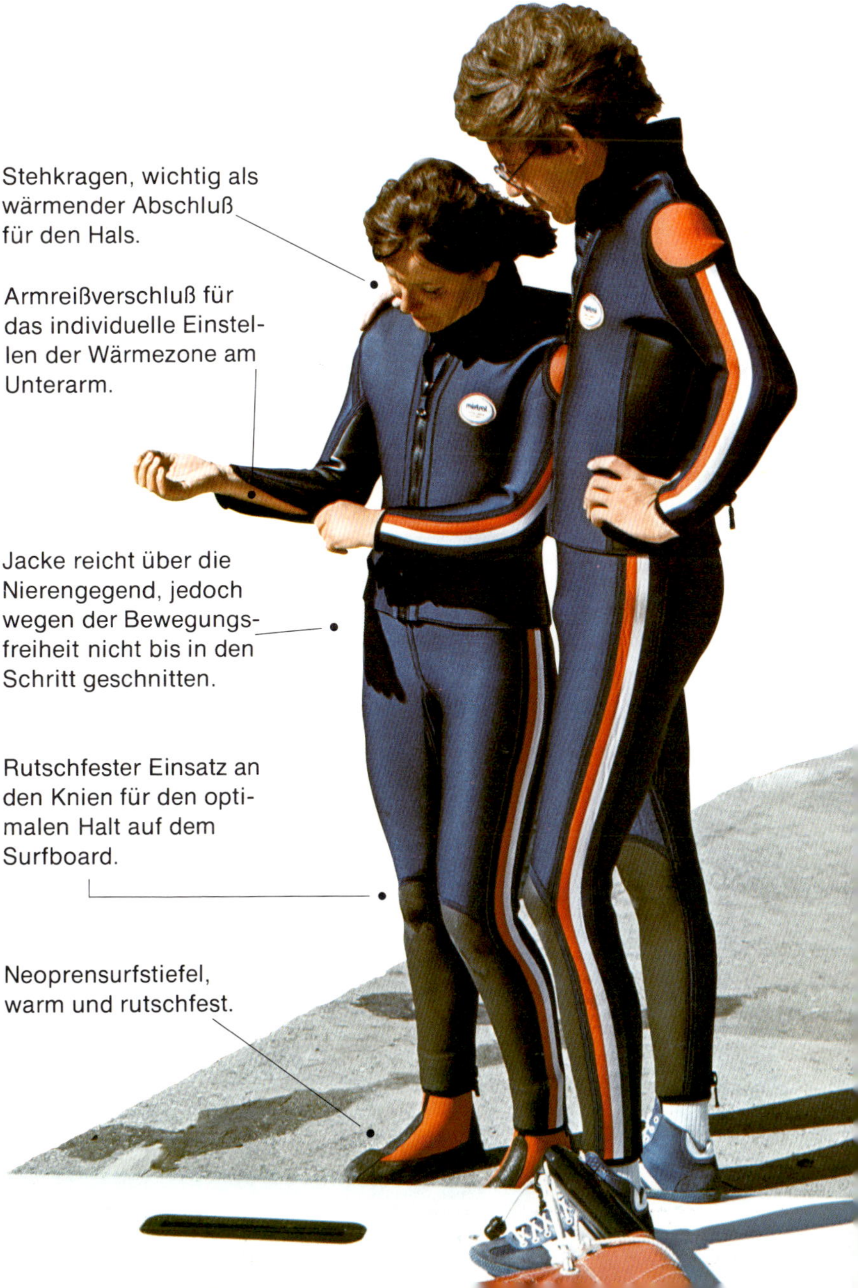

Stehkragen, wichtig als wärmender Abschluß für den Hals.
Armreißverschluß für das individuelle Einstellen der Wärmezone am Unterarm.
Jacke reicht über die Nierengegend, jedoch wegen der Bewegungsfreiheit nicht bis in den Schritt geschnitten.
Rutschfester Einsatz an den Knien für den optimalen Halt auf dem Surfboard.
Neoprensurfstiefel, warm und rutschfest.

Windsurfing-Kleidung

Windsurfing wurde in warmen Gegenden geboren. Dort, wo man fast immer in T-Shirt und Badehose herumläuft, und wo vor allen Dingen die Luft- und Wassertemperatur es zuläßt, stundenlang im nassen Element herumzutoben. Leider verhält es sich in unseren Breitengraden anders. Man sollte deswegen der Windsurfing-Kleidung besondere Beachtung schenken. Ein warmer funktioneller Anzug ist für das Windsurfen absolut notwendig. Auf Seite 23 ist ein optimaler Windsurfing-Anzug abgebildet. Seine Jacke reicht über die Nierengegend, ohne dabei die Bewegungsfreiheit des Schrittes einzuengen, wie dies Jacken herkömmlicher Taucheranzüge tun. Für die individuelle Einstellung an den Unterarmen sorgt ein Reißverschluß. Damit man in bestimmten Positionen nicht zu leicht vom Brett abrutscht, befinden sich an den Knien und darunter rutschfeste Einsätze.
Neopren-Stiefel oder Neopren-Socken sorgen für den warmen Abschluß nach unten. Es werden schon eine ganze Reihe von Windsurfing-Schuhen angeboten. Man sollte jedoch darauf achten, daß sie mit einem Neoprensocken zu verwenden sind oder diesen gleich mit angenäht haben, damit die

So sollte man Sport nicht ausüben. In diesen nassen Kleidern hat man sich schnell erkältet.

Diese junge Dame trägt einige wichtige Ausrüstungsgegenstände.

Füße im kalten Wasser geschützt sind. Für die kältere Jahreszeit benützt der Surfer noch Windsurfing-Unterwäsche. Dieser Wärmeschutz ist ebenfalls aus Neopren gefertigt und nur 2 mm dick. Die nach innen offenliegenden Neoprenzellen wärmen ganz besonders und bilden ein hautfreundliches, geschmeidiges Gewebe.

Spezielle Windsurfing-Schuhe lassen dem Fuß genügend Bewegungsfreiheit und verhindern ein Abrutschen.

Die Windsurfing-Unterwäsche dient als zusätzlicher Wärmeschutz an kalten Tagen unter dem Neoprenanzug.

Die Windsurfing-Unterwäsche ist gleichzeitig die ideale Bekleidung für den Sommer.

26114
26189
26112

Windsurfing-Theorie

Die Steuerung eines Segelbrettes ist von der üblicher Segelfahrzeuge grundverschieden. Selbst erfahrene Segler brauchen geraume Zeit, um mit der eigenwilligen Segelsteuerung eines Surfboards vertraut zu werden. Da die Steuerung mit dem Segel immer vom Wind abhängig ist, müssen wir uns zunächst mit ihm und anderen physikalischen Zusammenhängen beschäftigen.

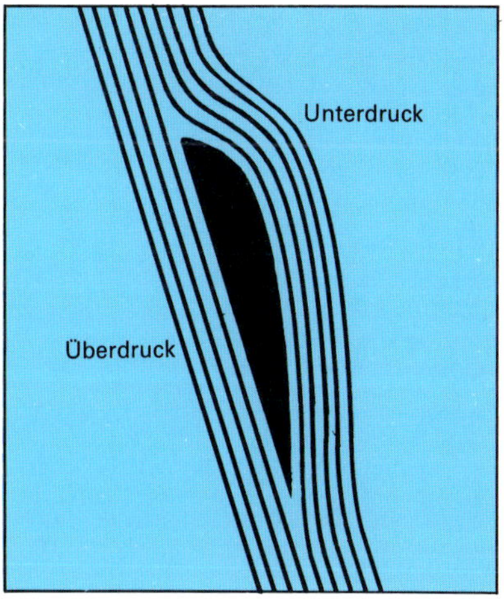

Der Luftstrom teilt sich vor dem Segel nach Luv und Lee, dadurch entsteht ein Druckunterschied von Luv nach Lee, in dem das Segel nach Lee ausweicht.

Wind

Der Kraftstoff zum Surfsegeln heißt »Wind«. Er bewegt unser Surfboard vorwärts, und um ihn richtig nützen zu können, muß man sich als erstes die wichtige Frage stellen, aus welcher Richtung er überhaupt kommt. Wer es am Körper nicht spürt, der beobachtet Flaggen, Fahnen oder Boote, die vor Anker liegen. Ist man sich dann immer noch im unklaren, so steckt man seinen Finger in den Mund, hält in hoch und fühlt so an seiner kalten Seite, woher der Wind bläst. Die Windrichtung steht bei allen Überlegungen auf dem Wasser an erster Stelle.

Windmotor

Auf Vorwindkurs, also dann, wenn der Wind von hinten kommt, ist die Vorwärtsbewegung leicht erklärbar, denn der Wind treibt Segel und Brett wie »ein Blatt vor dem Wind« vor sich her. Wie funktionierten aber der Windmotor, das Segel, wenn die Fahrtrichtung im rechten Winkel zum Wind oder gar gegen den Wind steht? Der Wind prallt nun schräg von vorne auf das Segel und wird durch den Mast in zwei Luftströme geteilt. Der eine muß hinter dem Mast in Lee um das ganze Segel herum und legt dabei eine weitere Strecke zurück als der Luftstrom, der an der Luvseite am Segel entlangstreicht. Bei seinem Weg um das Segel herum beschleunigt sich der Leestrom und verursacht dadurch einen Unterdruck. Der Luvstrom dagegen staut sich im Segel und verursacht einen Überdruck. Das Segel hat

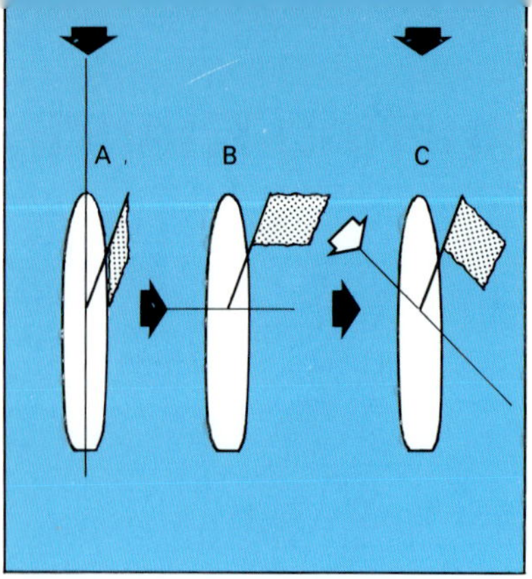

A Eine Fahne weht im Fahrtwind
B Eine Fahne weht im wahren Wind.
C Die Fahne weht im scheinbaren Wind, der sich aus Fahrtwind und wahrem Wind zusammensetzt.

nun die Tendenz, vom Überdruck in den Unterdruck auszuweichen, und da es fest mit dem Board verbunden ist, nimmt es dieses mit. Beim Surfsegeln hat man es aber nicht nur mit dem tatsächlichen, natürlichen Wind zu tun, sondern auch noch mit dem Fahrtwind und dem scheinbaren Wind. Demnach unterscheiden wir:

- Wahrer Wind
- Fahrtwind
- Scheinbarer Wind

Mit **wahrem Wind** bezeichnen wir den atmosphärischen Wind, wie er am Ufer spürbar ist und wie er z. B. von Fahnen angezeigt wird.
Der **Fahrtwind** dagegen wird durch die eigene Fahrt erzeugt und wirkt von vorne auf das Board ein.
Aus beiden Winden resultiert der **scheinbare Wind.** Er ist nie konstant und dreht, je schneller wir surfen, in Richtung Fahrtwind – er fällt »vorlicher« ein –, und je langsamer wir surfen, in Richtung wahrer Wind – er fällt »achterlicher« ein. Der scheinbare Wind soll immer in einem Winkel zwischen 10° und 20° auf die Sehne der Segelwölbung einströmen. Es ist nun einleuchtend, daß man für die verschiedenen Fahrtrichtungen verschiedene Segelstellungen in bezug auf die Brett-Längsachse einnehmen muß. Grundsätzlich gilt aber, daß für jede Fahrtrichtung immer nur eine richtige Segelstellung möglich ist.

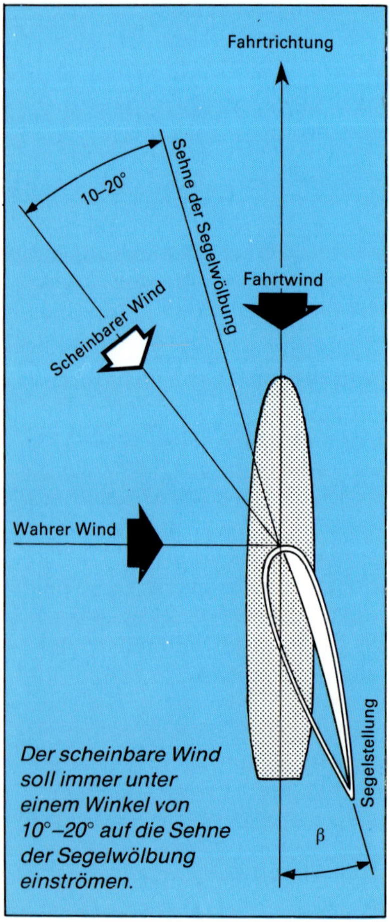

Der scheinbare Wind soll immer unter einem Winkel von 10°–20° auf die Sehne der Segelwölbung einströmen.

Mit der Fahrtrichtung ändert sich auch die Segelstellung. Je weiter man vom Wind abfällt, desto »offener«, gefierter wird das Segel geführt. Dabei wandert der scheinbare Wind mit zunehmender Geschwindigkeit in Richtung Fahrtwind, er strömt also weiter von vorne auf das Segel ein.

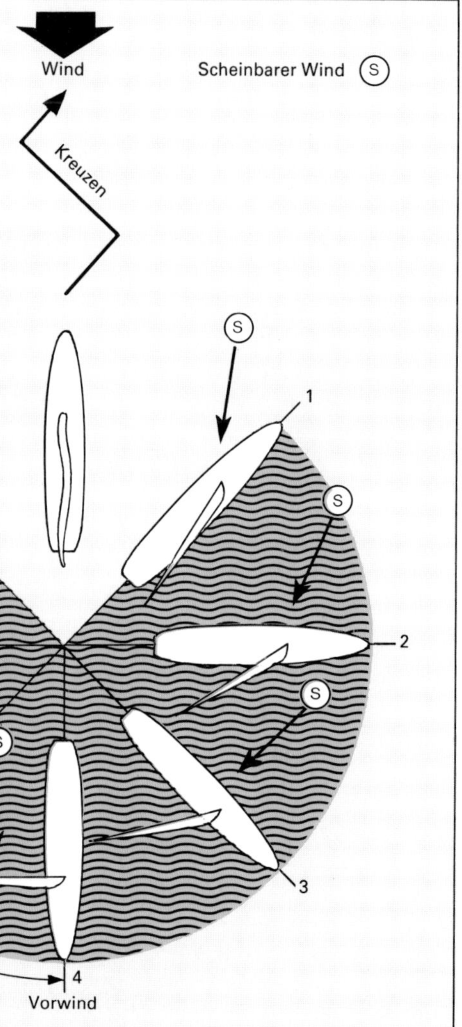

Die Abbildung oben zeigt die verschiedenen Segelstellungen bei verschiedenen Fahrtrichtungen. Man erkennt deutlich, daß das Gabelbaumende um so weiter vom Heck entfernt ist, je mehr man vom Wind »abfällt«. Abfallen heißt vom Wind wegdrehen.

Steuerung

Zum Steuern wird der Mast in der Gabelbaumebene »geneigt«. Dabei wird der Winddruck im Segel durch »Fieren« oder »Dichtholen« ausgeglichen.

Merken Sie sich die Grundprinzipien der Segelsteuerung:

1 Das Segelbrett luvt an, es dreht also zum Wind hin, wenn man das Gabelbaumende zum Wasser neigt.

2 Das Segelbrett fällt ab, es dreht vom Wind weg, wenn man das Segel in der Gabelbaumebene nach Vor-Luv neigt.

3 Das Segelbrett fährt geradeaus, wenn der Gabelbaum annähernd parallel zur Wasseroberfläche steht.

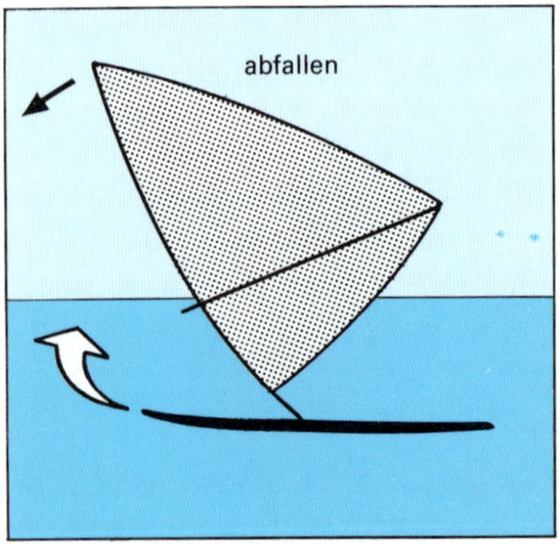

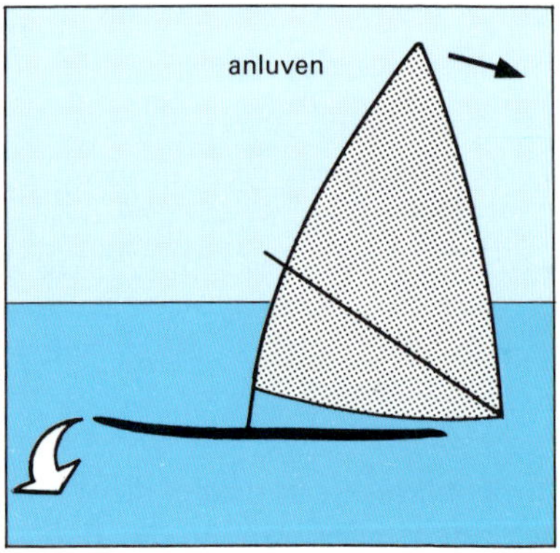

Das Segelbrett wird durch Neigen des Segels nach Vor-Luv, in Richtung Bug, bzw. nach hinten, zum Heck, gesteuert.

Ihnen ist bekannt, daß man ein Segelboot mit dem sog. Ruder steuert. Bei diesen Booten ist der Mast fest verstaakt, also nicht beweglich. Der Unterschied in der Steuerung zwischen einem Windsurfer und allen anderen Segelfahrzeugen besteht darin, daß der Mast des Segelbrettes beweglich ist und man dadurch das Segel nach allen Seiten neigen kann.
Wer diese Segelsteuerung erfunden hat, ist unklar. Neuerdings hat man herausgefunden, daß schon vor Jahrhunderten Indianer am Amazonas mit einem floßähnlichen Fahrzeug, das mit dem Segel gesteuert wurde, der Fischerei nachgingen. Nach Meinung von Fachleuten ist die Erfindung der Segelsteuerung, wie sie heute bei einem Windsurfingbrett verwendet wird, eine der bedeutendsten Erfindungen im Segelsport. Mit dem Wind in den Händen bestimmt man seine Fahrtrichtung. Zentimetergenau segeln Regattasurfer um die Tonnen oder bewältigen einen Slalomkurs, der im Schwierigkeitsgrad dem im Skisport verwendeten um nichts nachsteht.
Wie funktioniert diese ausgezeichnet wirkende Steuerung? Stellen Sie sich einen imaginären Punkt im Segel vor, den man als Segeldruckpunkt bezeichnet, sozusagen die Mitte aller wirkenden Kräfte. Auch das Board im Wasser hat einen Flächenmittelpunkt, den sog. Lateralschwerpunkt. Dieser sitzt, wie man auf der Zeichnung S. 32 erkennen kann, auf dem Schwert. Bei Geradeausfahrt befindet sich der Segeldruckpunkt knapp vor dem Lateralschwerpunkt. Sobald der Surfsegler nun beginnt, das Segel nach Vor-Luv, das heißt nach vorne und etwas seitlich nach Luv, zu neigen, verändert er damit den Segeldruckpunkt, wodurch seine Distanz zum Lateralschwerpunkt größer wird. Jetzt wirkt der Wind auf einen Großteil der Segelfläche, die sich vor der gedachten »Drehachse Schwert« befindet und damit das Board vom Wind wegdrückt. Wird das Segel aber zurückgeneigt, so wandert der Segelschwerpunkt nach hinten, wodurch das Boot anluvt, also in den Wind dreht. Je weiter man den Mast neigt, desto heftiger wirkt der Steuerausschlag. Bei den einzelnen Wendetechniken wird durch ein zusätzliches Dichtholen mit der Segelhand der Drehvorgang des Boards beschleunigt, so daß ein blitzschnelles Umdrehen mit dem Brett, z. B. in Form der Sprungwende, möglich wird. Dem Segel wird eine optimale Steuerfunktion aber nur dann gegeben, wenn das Gabelbaumende während der Steuermanöver fast das Wasser berührt. Eine Wende wird deshalb immer zuerst mit dem Neigen des Gabelbaumendes bis zum Wasser eingeleitet. Erst dann holt die Segelhand dicht.

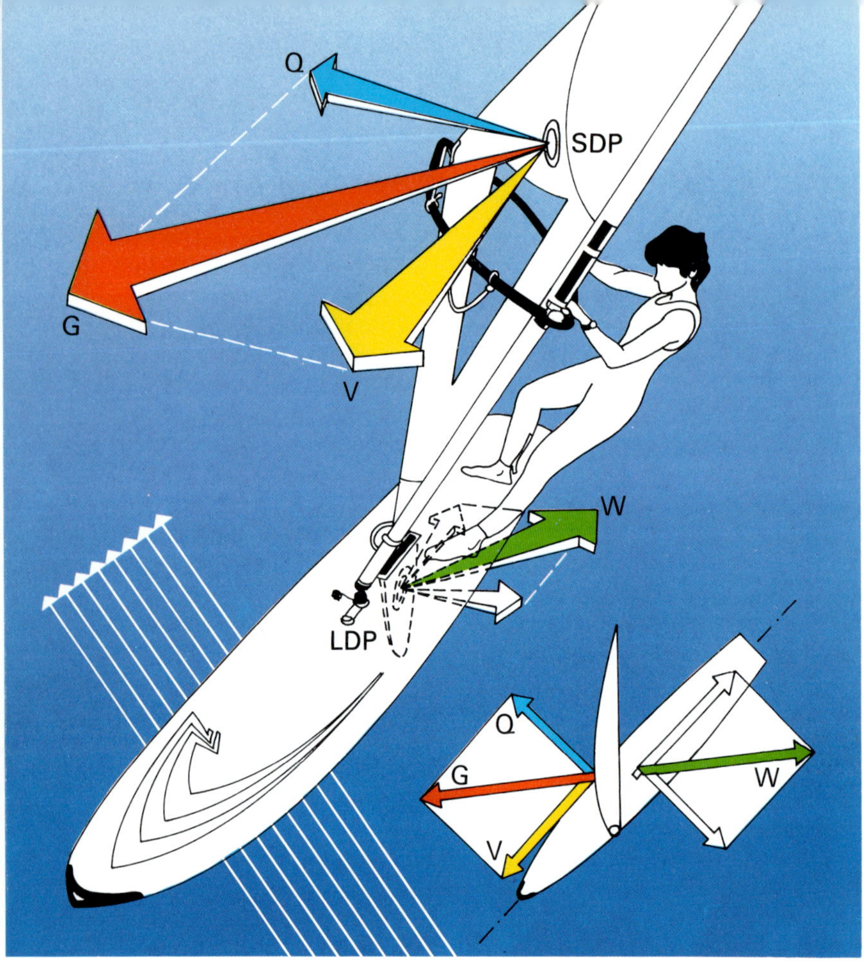

Man stelle sich vor, daß diese Segelkraft an einem Punkt im Segel dem sog. Segeldruckpunkt (SDP) angreift. Sie teilt sich in eine Querkraft (Q) und eine Vortriebskraft (V) auf, die zusammen die Segelgesamtkraft (G) ergeben. Der Segelkraft wirkt nun die Widerstandskraft (W) des Wassers entgegen. Auch sie findet einen gemeinsamen Angriffspunkt im sog. Lateraldruckpunkt (LDP). Konstruktiv gesehen, befindet er sich bei Allroundbrettern im Bereich des Schwertes. Er stellt die gemeinsame Mitte aller unter Wasser befindlichen Teile dar, also sowohl der Seitenfläche des Rumpfes als auch von Finne und Schwert. Ein Surfbrett ist so konstruiert, daß es auf allen Kursen dann geradeaus fährt, wenn die Segelkraft und die Widerstandskraft annähernd auf einer Linie liegen.

Fahrtrichtung

Mit einem Segelbrett kann man, egal woher der Wind bläst, auf dem Wasser jeden Punkt ansteuern. Das heißt, jede Fahrtrichtung ist möglich. Natürlich ist klar, daß man nicht direkt gegen den Wind segeln kann. Wie bei der Beschreibung des Segelmotors bereits erklärt, muß das Segel immer in einem bestimmten Winkel vom scheinbaren Wind angeströmt werden. Deshalb ist es auch mit dem Surfboard nur möglich, in einem bestimmten Winkelbereich zum Wind zu surfen. Will man nun direkt gegen den Wind ankommen, so ist dies in nur einem Zickzackkurs möglich. Diese Art gegen den Wind zu segeln nennt man »kreuzen«.

In unserer Abbildung kommt der Wind von unten. Da der scheinbare Wind immer etwas in Richtung Fahrtwind abgelenkt wird, muß das Segel auf jedem Kurs neu eingestellt werden. Interessant ist die Richtung des scheinbaren Windes auf Vorwindkurs (4). Da hier der Fahrtwind, der direkt von vorne weht, den wahren Wind nicht ablenken kann, kommt auch der scheinbare Wind aus derselben Richtung wie der wahre Wind.

Da die einzelnen Kurse auf dem Wasser immer nur mit einer ganz bestimmten Segelstellung befahren werden können, haben sie auch feste Bezeichnungen. Wir unterscheiden:

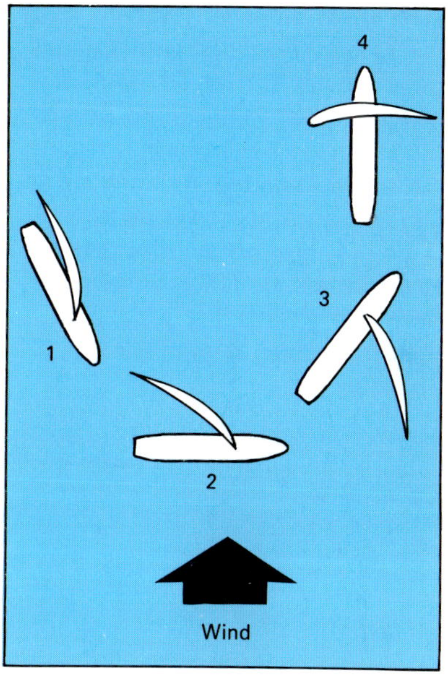

Veränderung der Segelstellung auf 4 verschiedenen Kursen. Die Kurse entsprechen in der Reihenfolge der umseitigen Beschreibung.

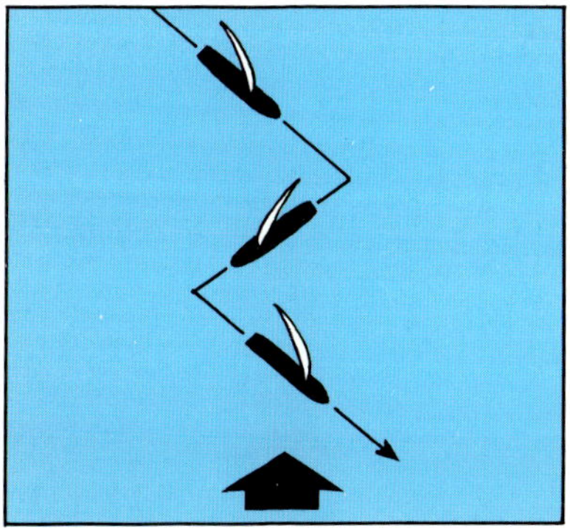

Steuerung

Hart am Wind oder Hoch am Wind
Auf diesem Kurs hält man das Segel dicht am Körper. Der Winkel β zwischen Gabelbaum und Boardlängsachse ist sehr klein.
So kreuzt man gegen den Wind an. Deshalb spricht man auch davon, daß man »hart am Wind« surft. Auf **Kreuzkurs** segelt man immer hart am Wind, einmal das Segel auf Steuerbordbug, einmal auf Backbordbug.

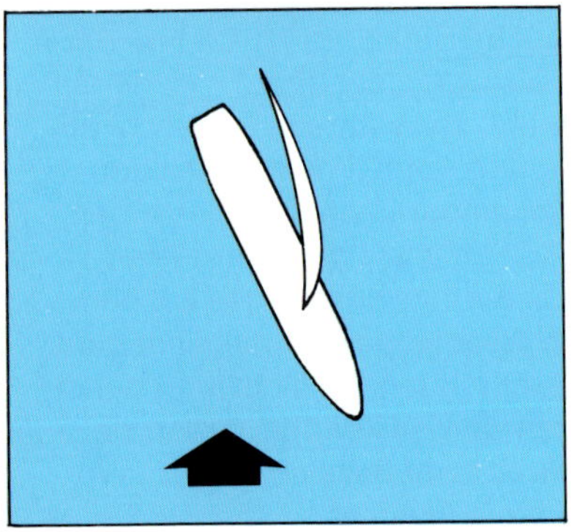

Halber Wind
Wie die Bezeichnung dieses Kurses schon sagt, surft man nun mit halbem Wind. In dieser Position strömt der wahre Wind im rechten Winkel zur Boardlängsachse auf das Segel ein. Meist bewegt man sich jetzt parallel zu den Wellentälern bzw. -kämmen. Deshalb muß man darauf achten, daß das Brett in den seitlich anrollenden Wellen nicht unterschneidet.

Raumschots
Auf diesem Kurs kommen wahrer Wind und die Wellen schräg von hinten. Das Segel wird weiter »aufgefiert«, fast bis zum rechten Winkel zur Brettlängsachse. Fieren heißt, mit dem Segel dem Winddruck nachgeben, also den Abstand zwischen Gabelbaumende und Heck vergrößern.

Vor dem Wind
Der Wind bläst Segel und Brett vor sich her. Man surft mit der Welle, und es entsteht der Eindruck einer geringeren Geschwindigkeit. Das Segel steht zwischen Körper und Fahrtrichtung, nur die Plastikfenster bieten Sicht nach vorne.

Steuerung

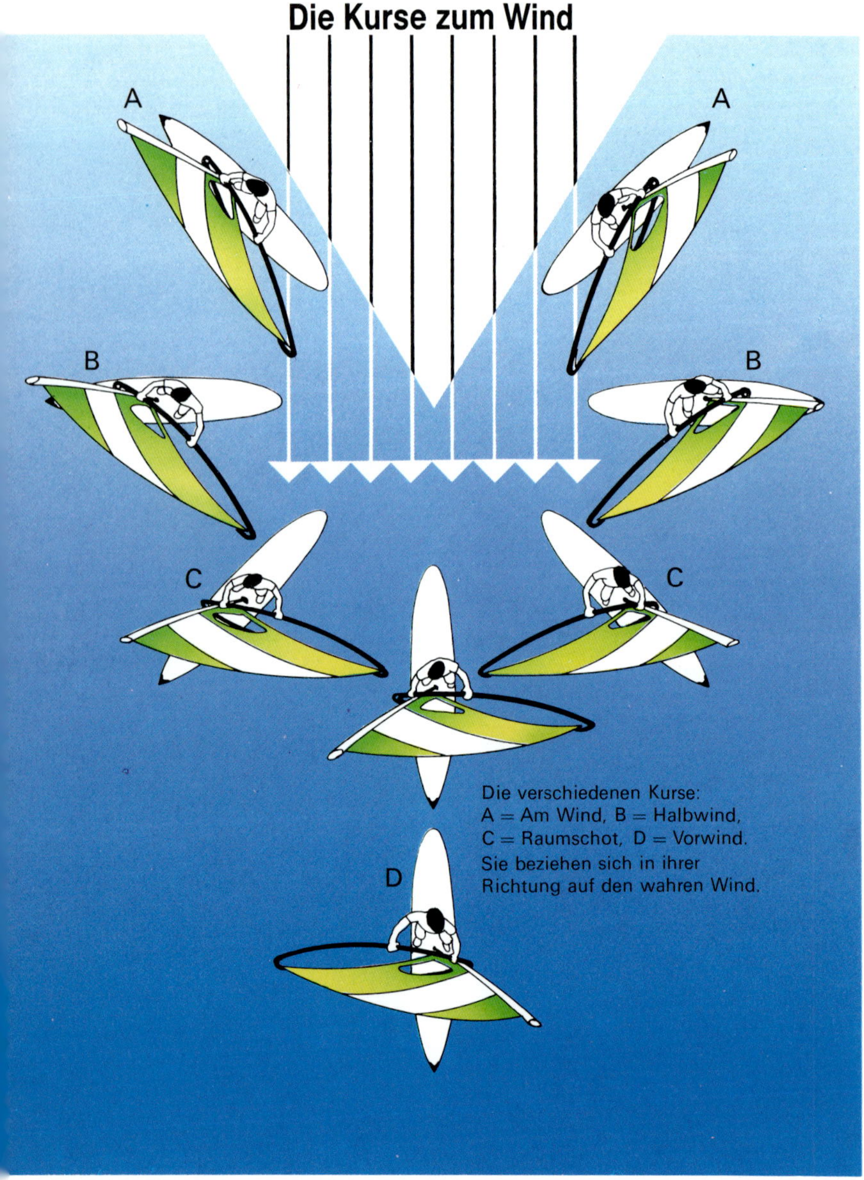

Die verschiedenen Kurse:
A = Am Wind, B = Halbwind,
C = Raumschot, D = Vorwind.
Sie beziehen sich in ihrer Richtung auf den wahren Wind.

Windsurfing-Praxis

Mit einem einfachen, aber sehr effektiven Gerät, dem Simulator, beginnt die Windsurfing-Praxis bereits an Land. Dieser Trockentrainer ermöglicht das Erlernen der verschiedenen Segelstellungen sowie aller Manöver am sicheren Ufer. Man spart sich so viele unnötige Wasserungen. Mit der richtigen Anleitung in einer Schule lernt man Windsurfen in wenigen Stunden. Es ist deshalb dringend anzuraten, eine der zahlreichen Windsurfing-Schulen aufzusuchen, um sich an Ort und Stelle ein Bild von diesem Sport zu machen, die verschiedensten Segelbretter auszuprobieren und im sicheren und abgegrenzten Übungsrevier schnell das Surfen zu erlernen.

Der Simulator, eine wichtige Lernhilfe der Windsurfing-Schulen.

Steht Ihnen keine Windsurfing-Schule zur Verfügung, so daß Sie gezwungen sind, ohne Anleitung den neuen Sport zu erlernen, so gehen Sie in der angegebenen Reihenfolge vor (die einzelnen Punkte werden später erläutert):

1. Sie bauen das Rigg wie schon im Kapitel »Auftakeln« S. 16 beschrieben zusammen.

2. Nun folgen die ersten Halteübungen mit dem Segel an Land und die ersten Balanceübungen mit dem Board ohne Rigg auf dem Wasser.

3. Wenn Sie einigermaßen sicher auf dem Brett stehen können, holen Sie das Rigg, stecken den Mastfuß in die betreffende Aussparung und üben das Segelhochholen.

4. Jetzt führen Sie die ersten 360°-Drehungen nach beiden Seiten aus.

5. Sie haben nun gelernt, sicher auf dem Brett zu stehen und versuchen Ihren ersten Start.

6. Nach dem Start probieren Sie gleich die Steuerung aus.

7. Nun folgt die erste wichtige Richtungsänderung, die Wende.

Windsurfing-Praxis

Das »Balancieren« mit dem Board ist eine wichtige Übung, um die Stabilität eines Segelbrettes kennenzulernen.

Aus der Hocke zieht man mit gestreckten Armen das Segel hoch.

8 Nach der Wende erlernen Sie die entgegengesetzte Richtungsänderung, nämlich die Halse.

9 Abschließend üben Sie im Manöverkreis noch einmal den Start, die Wende und die Halse.

Zusammenbau

Wie man ein Segelbrett zusammenbaut, haben wir schon kennengelernt. Achten Sie aber gleich am Ufer darauf, woher der Wind bläst. Schon beim Segelaufriggen sollten Sie sich darüber im klaren sein. Fügen Sie Rigg und Board noch nicht zusammen, denn vorerst werden wir mit diesen beiden wichtigen Teilen getrennte Übungen durchführen.

Balanceübungen

An Land
Wenn Sie keinen Simulator zur Verfügung haben, so stellen Sie Ihr Segel am Ufer auf und treten mit einem Fuß auf den Mastfuß, so daß er nicht verrutschen kann. Üben Sie am Sandstrand, können Sie den Mastfuß auch etwas in den Sand eingraben. Halten Sie nun das Segel am Gabelbaum und lehnen Sie sich mit ihm gegen den Wind. Durch Fieren und Dichtholen mit der Segelhand – das ist die Hand, die zum Ende des Gabelbaums zeigt – kontrollieren Sie dieses Kräftespiel mit dem Wind. Merken Sie sich auch gleich die Bezeichnung der vorderen Hand: Die Hand, die in der Nähe des Mastes den Gabelbaum hält, heißt Masthand.

Auf dem Wasser
Nun tragen Sie Ihr Board ins Wasser, stecken das Schwert ein und versuchen zuerst liegend, dann sitzend und kniend, zum Schluß auch stehend das Board auszubalancieren. Diese Balanceübungen schließen damit, daß Sie sich um 360° auf dem Board drehen, mit kleinen Schritten und immer in der Nähe des Schwertkastens.

Segelhochholen

Nun verbinden Sie das Board mit dem Rigg. Legen Sie das Segel gleich so ins Wasser, daß es auf der Lee-Seite Ihres Boards zu liegen kommt.
Man unterscheidet Lee und Luv. Lee heißt »windabgewandte Seite« und Luv »windzugewandte Seite«. Ihr Segel liegt also auf der windabgewandten Seite des Boards und Sie stehen mit dem Rücken zum Wind auf der Luvseite, also der windzugewandten Seite des Boards. Sie stellen sich nun auf das Board, den Mast in der Mitte zwischen den Füßen, gehen tief in die Hocke, greifen die Startschot

und ziehen durch Zurücklehnen des Oberkörpers den Mast etwa 10 cm aus dem Wasser. Nun strekken Sie die Beine und ziehen dadurch weiter, so daß das Wasser aus dem Segel auslaufen kann. Jetzt richten Sie sich ganz auf und ziehen das Segel hoch, so daß es frei im Wind flattert. Während des Segelhochhol-Vorganges bleibt Ihr Rücken ständig zum Wind gerichtet. Abschließend stehen Sie in der Grundstellung gerade auf dem Board, die Arme gestreckt und das Segel im rechten Winkel zum Board haltend.

180° -Drehung

Bei dieser Übung halten Sie Ihr Rigg am Mast. Sie stehen in der Grundstellung, das Segel im rechten Winkel zum Board flattert frei im Wind. Wenn Sie nun das Segel nach rechts oder links drücken, so beginnt sich das Board zu drehen. Drehen Sie durch ständiges Anlehnen des Segels an den Wind das Brett um 180° unter dem Segel. Dieses steht dabei ständig in Windrichtung. Ihr Rücken dagegen zeigt immer zum Wind und mit kleinen Schritten bleiben Sie in dieser Position über dem sich drehenden Brett.

Diese Übung führen Sie nach beiden Seiten aus.

180°-Drehung

Bei 180° -Drehung bleibt das Segel in Windrichtung.

1

2

Start

Mit den 360°-Drehungen haben Sie gelernt sicher auf dem Brett zu stehen und schnell den Mast zu runden. Nun folgt der Start.
Sie stehen in der Grundstellung, sehr gut wird diese auf Bild 1 demonstriert. Füße etwa schulterbreit links und rechts neben dem Mast und das Segel im rechten Winkel zum Brett. Nun setzen Sie den hinteren Fuß auf den Schwertkasten (Bild 2). Jetzt folgt auch der vordere Fuß neben oder hinter den Mast. Beide Fußspitzen können etwas in Richtung Bug zeigen. Das Segel nach wie vor im rechten Winkel zum Brett. (Bild 3)
Mit der Masthand am Mast wird nun das Segel schräg am Oberkörper vorbei gezogen nach Vor-Luv (Bild 4), bis man bequem durch das Segelfenster die Bugspitze sehen kann. Dabei dreht sich natürlich auch der Oberkörper in Fahrt-

5

6

3

4

richtung (Bild 5). Achten Sie nochmals auf die rechtwinklige Stellung zwischen Segel und Brett in dieser Phase.

Erst jetzt greift die Segelhand an den Gabelbaum, darauf läßt auch die Masthand den Mast los, umfaßt den Gabelbaum etwa 2-Hand-breit hinter den Mast (Bild 7).

Durch Rückdrehung des Oberkörpers wird nun das Segel dichtgeholt und das Brett setzt sich in Bewegung (Bild 8). Macht Ihnen der Winddruck im Segel zu schaffen, so fieren Sie das Segel wieder auf, d. h. die Segelhand gibt dem Winddruck nach, dabei dreht sich auch der Oberkörper wieder leicht in Fahrtrichtung. Darauf wieder dichtholen. Üben Sie dieses Kräftespiel mit dem Wind.

7

8

Beim Start (Phasen-Ablauf in der Zeichnung oben von links nach rechts) wird zuerst der hintere Fuß etwas zurückversetzt. Dann mit der Masthand das Segel schräg am Oberkörper vorbei nach Luv führen. Dabei Oberkörper in Fahrtrichtung drehen. Jetzt faßt Segel- und Masthand den Gabelbaum, und durch Zurückdrehen des Oberkörpers wird gestartet.

Steuerung

Erinnern Sie sich an die Abbildung auf S. 30. Dort wurde gezeigt, daß ein Board dann abfällt, also vom Wind wegdreht, wenn man das Segel nach Vor-Luv neigt. Es luvt an, d. h. der Bug dreht zum Wind hin, wenn man das Gabelbaumende und damit auch das Segel zum Wasser neigt. Versuchen Sie nun diese Steuerbewegungen. Sie fahren Schlangenlinien, wenn Sie den Mast kurz nach Vor-Luv

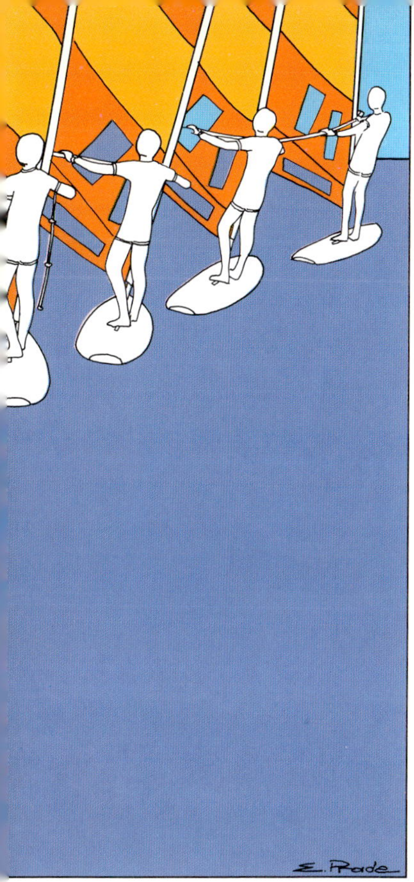

neigen und gleich darauf wieder zurücknehmen. Dies genügt aber nicht, um an Ihren Ausgangspunkt zurückzusegeln. Dazu müssen Sie die Wende beherrschen.

Wende

Bei der Wende dreht der Bug des Surfers durch den Wind. Ähnlich wie bei der 360°-Drehübung runden Sie den Mast und gelangen auf die andere Seite des Boards. Üben Sie die Wende folgendermaßen:

Praxis

1 Fahren Sie geradeaus, der Gabelbaum steht dabei parallel zur Wasseroberfläche. Nun neigen Sie den Mast, so daß das Gabelbaumende das Wasser berührt. Die Bugspitze Ihres Boards dreht nun in den Wind. Das Brett luvt an.

2 Sobald der Winddruck im Segel nachläßt, fassen Sie mit der Segelhand den Mast und gehen mit kleinen Schritten vor diesen. Jetzt läßt auch die Masthand den Gabelbaum los und greift an den Mast. Sie stehen jetzt vor dem Mast, so daß Ihr Rücken und auch der Bug des Boards genau dem Wind zugewandt sind.

3 Lassen Sie sich nun Zeit! Langsam, genau der Drehübung entsprechend, drehen Sie die Längsachse des Boards durch Anlehnen des Segels an den Wind wieder in eine rechtwinklige Position zur Windrichtung. Sie haben damit das Brett um 180° gewendet.

4 Nach Erreichen der neuen Grundstellung erfolgt der neue Start. Achten Sie darauf, daß Sie auch wirklich die Grundstellung erreicht haben, d. h. Segel und Brettlängsachse bilden einen Winkel von 90°. Erst Fortgeschrittene können hier, ohne eventuell wassern zu müssen, den Ablauf etwas abkürzen.

Wende

Phasenablauf (von links nach rechts):

1 *Gabelbaum zum Wasser neigen.*

2 *Segelhand greift zum Mast, Oberkörper schiebt sich vor den Mast.*

Wende

3 *Die Hände halten den Mast, und mit den Füßen steht man davor.*

4 *Durch Anlehnen des Segels an den Wind dreht man das Brett zur neuen Startposition.*

5 *Der neue Start wird eingeleitet.*

6

5

4

Wende

Hier wird die Wende-Technik gezeigt, die man als erste üben sollte. Bei ihr greift man mit der Masthand an den Mast und setzt sogleich den vorderen Fuß neben oder vor den Mastfuß. Erst dann luvt man durch Neigen des Gabelbaumendes zum Wasser an. Später bleibt man dann in der Fahrstellung stehen, luvt an, und erst wenn das Brett zum Wind dreht, erfolgt der Schritt bzw. greift die Masthand an den Mast.

Merke:

Die Wende wird durch Anluven eingeleitet; d. h., daß das Gabelbaumende zuerst zum Wasser geneigt und dann das Segel dichtgeholt wird.

Bei der Wende dreht die Bugspitze des Surfbrettes durch den Wind, dabei wechselt man die Segelseite, indem man um den Mast herumgeht.

3

2

1

1 In der Fahrstellung greift die Masthand an den Mast.

2 Der vordere Fuß wird vor den Mast gesetzt, gleichzeitig beginnt man, mit der Segelhand das Gabelbaumende zum Wasser zu neigen.

3 Das Gabelbaumende wird jetzt so weit wie möglich zur Wasseroberfläche geneigt, gleichzeitig holt die Segelhand das Segel etwas dicht, um die Drehbewegung des Brettes zu beschleunigen.

4 Jetzt erfolgt der Schritt vor den Mast. Beide Hände fassen den Mast.

5 In dieser Phase steht man mit dem Rücken zum Wind, hält den Mast vor sich und beginnt nun, wie in der Drehübung gelernt, das Brett zu drehen.

6 Durch Anlehnen des Segels an den Wind dreht das Brett unter dem Segel bis zur rechtwinkligen Position für den neuen Start.

Praxis

Die zweite Art, mit seinem Segelbrett eine Richtungsänderung durchzuführen, ist die Halse. Dabei geht das Heck durch den Wind. Das Brett fällt zuerst auf Vorwindkurs ab und dreht dann, während Sie das Segel über den Bug schwingen lassen, in die neue Fahrtrichtung. Die Halse üben Sie wie folgt:

1 Blick nach Lee. Ist genügend Raum vorhanden?

2 Segel nach Vor-Luv. Abfallen bis auf Vorwindkurs.

3 Fußposition wechseln, vorderen Fuß zurück, eventuell hinteren Fuß etwas nach vorne.

Bei der Halse ändert man der Drehbewegung entsprechend seine Standposition und die Griffe am Gabelbaum und Mast.

4 Masthand greift an den Mast, Segelhand läßt den Gabelbaum los.

5 Mit gestreckten Armen wird das Segel über den Bug geschwenkt. Durch Anlehnen des Segels an den Wind neue Startposition einnehmen.

Halse

Praxis

Hier ist der Phasenablauf einer Halse zu sehen, wie sie auf mittellangen Funboards durchgeführt wird. Auch dabei wird der Gabelbaum nach »Vor-Luv« geführt, gleichzeitig aber durch geschickte Fußsteuerung das Board in seiner Drehbewegung beschleunigt.

Beobachten Sie in dieser Sequenz die Beinarbeit. Sobald die Vorwindposition erreicht ist, wechselt man die Fußstellung parallel zum Schwertkasten. Nach dem Schiften des Segels korrigiert man auch die Fußstellung für die neue »Am-Windposition«.

Mit dem Heck durch den Wind

Vor allem im Hinblick auf die Entwicklung im Surfsport wird der Halse immer mehr Bedeutung zugemessen. Mit den kleinen und kleinsten Surfbrettern, den sog. Sinkern, wird nämlich nicht mehr gewendet, sondern nur noch gehalst. Bei diesen kleinen Brettern ist der Mast so weit vorne angebracht, daß kein Platz mehr verbleibt, auf dem man bei der Wende stehen könnte. Es ist also wichtig, daß man sich eingehend mit der Halse beschäftigt, denn für das Fortgeschrittenen-Surfen später ist sie unentbehrlich. Und nicht zuletzt ist sie eines der schönsten Manöver, die man auf dem Surfbrett durchführen kann. Eine ganze Reihe von Varianten haben sich inzwischen herausgebildet. Hier wollen wir uns allerdings nur mit der Grundform beschäftigen, bei de das Segel über den Bug geschwenkt wird.

Wichtig ist vor allem auch die deutliche Neigung nach Vor-Luv, wie es in Bild 2 und 3 deutlich wird.

Manöverkreis

In einem zusammenhängenden Bewegungsablauf starten Sie nun, wenden, starten erneut, halsen und kehren damit zu Ihrer Ausgangsposition zurück.
Diese Bewegungsfolge wird in einem etwa 20 m großen Kreis durchgeführt. Man nennt ihn Manöverkreis, weil er alle wichtigen Steuermanöver beinhaltet. Sobald Sie im Stande sind, den Manöverkreis nach beiden Seiten sicher durchzuführen, können Sie sich weiter auf das Wasser hinauswagen. Bis zu dieser Übung sollten Sie unbedingt in unmittelbarer Nähe des Ufers bleiben und möglichst nur bei »auflandigem« Wind üben! Auflandig heißt, daß der Wind vom Wasser aufs Ufer weht. Damit laufen Sie nie Gefahr, auf das Wasser hinausgetrieben zu werden.
Erst nachdem Sie alle genannten Manöver einwandfrei beherrschen, sollten Sie sich weiter hinauswagen.

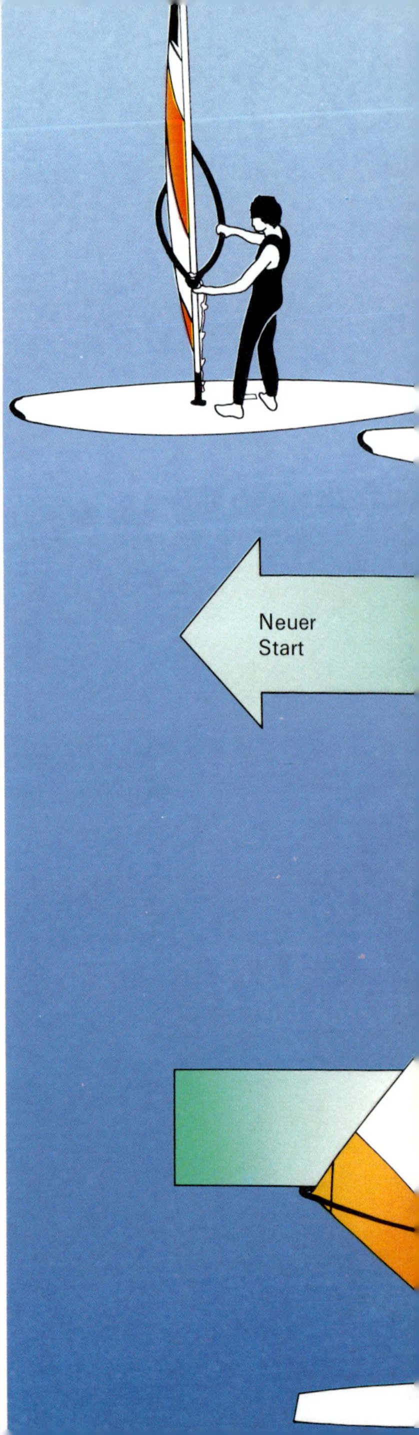

tart-
osition
Anluven
Halsen
Vorwind
Abfallen

Gesetzeskunde

Sie haben jetzt das Sportgerät kennengelernt und damit die ersten Versuche auf dem Wasser unternommen. Vielleicht werden Sie nun vom Surffieber befallen wie der Akrobat links im Bild. Aber bevor Sie sich voll dem Genuß einer der schönsten Wassersportarten hingeben, dürfen Sie es nicht versäumen, alle Regeln und Gesetze auf dem Wasser zu lernen.
Windsurfing ist in wenigen Jahren zu einem Breitensport geworden. Die rasche Zunahme der Segelbretter führte in bevorzugten Wassersportgebieten dazu, daß Behörden, See- und Schiffahrtsämter eine drastische Einengung unserer Sportart planen. Diese Reglementierung läßt sich nur dadurch umgehen, daß alle Wassersportteilnehmer, hauptsächlich aber die Windsurfer, zu einem geordneten Nebeneinander, geregelt durch eine Verkehrsordnung, finden.
Alle Windsurfer müssen deshalb die Binnenschiffahrtsstraßenordnung, die Ausweichregeln, und darüber hinaus die örtlichen Vorschriften kennen.
Prägen Sie sich die folgenden Regeln gut ein:

1 Als Teilnehmer am Verkehr auf dem Wasser hat sich jeder Surfer so zu verhalten, daß kein anderer gefährdet, geschädigt oder mehr als nach den Umständen unvermeidbar behindert oder belästigt wird.

2 An Badeplätzen soll generell nicht gesurft werden. Selbstverständlich haben Surfer auch außerhalb dieser Zonen besonders auf Schwimmer zu achten.

3 Schiffahrtslinien der Berufs- und Linienschiffahrt sind zu meiden.

4 Häfen, Hafeneinfahrten, Anlege- und Ankerplätze sind für das Windsurfen gesperrt.

5 Auf bayerischen Gewässern ist ein Mindestabstand von 100 m zum Ufer einzuhalten. Diese Zone darf geradlinig durchquert werden, um am Ufer ab- bzw. anzulegen.

6 Bevor man sich aufs Wasser begibt, sollte man sich bei den zuständigen Stellen (Seeamt, Seeverwaltung, Landratsamt, Clubs, Schulverband) informiert haben, welche besonderen örtlichen Bestimmungen bezüglich des Surf- und Segelsportes zu beachten sind.

7 Bei starkem, ablandigem Wind sollte man als Anfänger auf keinen Fall surfen.

Eine Mißachtung dieser Sicherheitsregel bedeutet, daß Rettungsaktionen der Wasserwacht und anderer Rettungsorganisationen mutwillig herausgefordert werden.

Gesetzeskunde

◀ *2 Surfer segeln auf gleichem Bug aufeinander zu, wer hat Vorfahrt? Ganz einfach: Lee vor Luv. Der Surfer auf Halbwindkurs weicht dem hoch am Wind segelnden Board aus. Das Board auf Raumschotkurs unten im Bild muß beiden Segelsurfern ausweichen.*

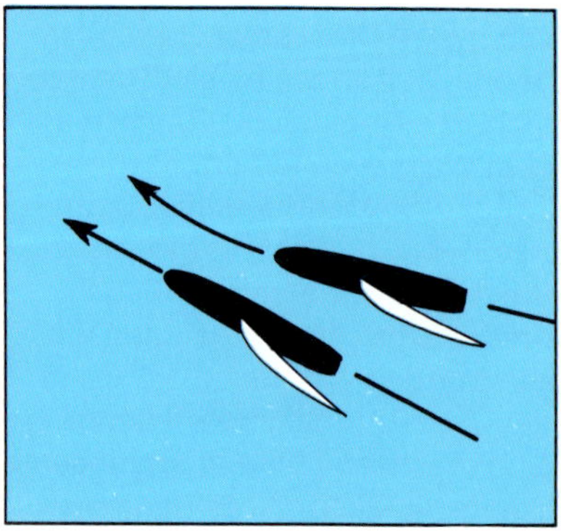

1. Lee vor Luv. Das luvseitige Boot muß ausweichen.

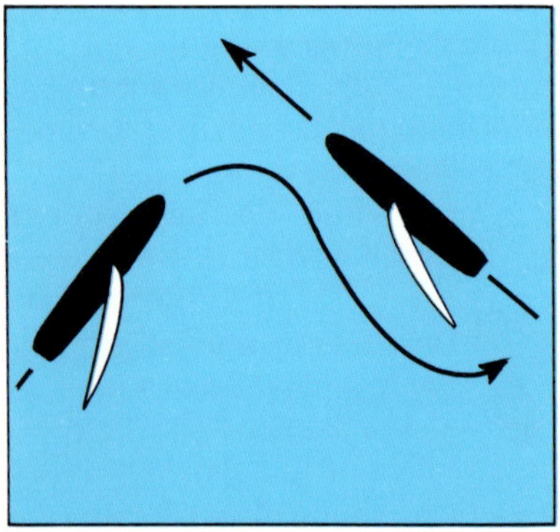

2. Backbord vor Steuerbord. Das Boot mit dem Segel in Fahrtrichtung gesehen rechts muß ausweichen.

3. Achteraus freihalten. Das von hinten kommende Boot muß entweder nach Luv oder nach Lee ausweichen.

Ausweichregeln

1 Jedes Ausweichmanöver ist rechtzeitig, gut erkennbar und entschlossen auszuführen.

Diese Regel ist für Surfsegler ausgesprochen wichtig. Z. B. ist ein Abfallvorgang, der nicht deutlich und konsequent eingeleitet wird, für einen entgegenkommenden Segler kaum wahrnehmbar.

2 Die Vorfahrt darf nicht erzwungen werden. Beachtet ein ausweichpflichtiges Boot das Wegerecht nicht, so hat man selbst auszuweichen.

Zu derart heiklen Situationen sollte es aber nie kommen. Besteht ein Surfer auf seiner Vorfahrt, tut er dies mit dem Zuruf »Raum«. Er sollte aber seinem Kontrahenten genügend Zeit und vor allen Dingen auch Platz geben, damit dieser ausweichen kann.

3 Eine Yacht, ein Segelboot oder ein Segelbrett auf Backbordbug haben Vorfahrt vor einer Yacht, einem Segelboot oder einem Segelbrett auf Steuerbordbug.

»Steuerbord« heißt in Fahrtrichtung gesehen rechts und »Backbord« in Fahrtrichtung gesehen links. Ein Windsurfer fährt demnach auf Backbordbug, wenn sein Segel in Fahrtrichtung gesehen links steht.

Man erleichtert sich die Einhaltung dieser wichtigsten Vorfahrtsregel dadurch, daß man sich auf die rechte Seite (in Fahrtrichtung gesehen) des Gabelbaums ein grünes Klebeband wickelt und auf die linke Seite ein rotes Band. Mit der grünen Seite in Händen hat man Vorfahrt, mit der roten muß man ausweichen.

4 Segeln zwei Boote auf gleichem Bug, so hat das Luvboot dem Leeboot auszuweichen.

Segeln zwei Boote auf Kollisionskurs, die beide beispielsweise das Segel backbord stehen haben, dann muß das Boot ausweichen, das auf der günstigeren, windzugewandten Seite fährt.

5 Überholende Boote haben sich freizuhalten.

Ein überholendes Boot muß sich vom überholten so weit entfernt halten, daß es dieses nicht behindert.

Trotz dieser Regeln ist man gut beraten, wenn man grundsätzlich auf keiner Vorfahrt besteht. Selbstverständlich müssen motorgetriebene Fahrzeuge dem Segelbrett ausweichen. Aber der Windsurfer hat kaum die Möglichkeit, sich einem unaufmerksamen Motorbootlenker rechtzeitig bemerkbar zu machen. Man soll deshalb von vornherein jeden Kurs, der zu einer Kollision führen könnte, vermeiden.

Wetter

Windsurfing ist leicht erlernbar. Das führt jedoch oft dazu, daß man nach wenigen Übungsstunden schon übermütig wird. Man wagt sich weit aufs Wasser hinaus, genießt die Sonne und die spritzende Gischt, gleitet vom Wind getrieben schwerelos dahin und vergißt bei diesem berauschenden Gefühl alles – natürlich auch das Wetter. Solches Verhalten kann zu bösen Überraschungen führen. Erreicht man bei plötzlich aufkommendem, stärkerem Wind durch Paddeln mit den Händen oder dem Mast das Ufer, so hat man noch einmal Glück gehabt.
Man soll ständig ein waches Auge auf das Wetter haben. Vor allen Dingen wenn man vorhat, weitere Strecken zurückzulegen, um z. B. Seen zu überqueren oder Inseln zu erreichen.

Prüfen Sie grundsätzlich, bevor Sie aufs Wasser gehen, genau den Wind und beachten Sie, ob er die Tendenz hat, stärker zu werden.

Seine Kraft wird in Windstärken mit Hilfe eines Windmessers und einer Beaufortskala gemessen. Als Anfänger sollte man sich nicht mehr als 3 Windstärken zumuten.

Windstärken

1 Beaufort

Wenn sich glattes Wasser leicht zu kräuseln beginnt, sich das Laub an Bäumen etwas bewegt, so spricht man von Windstärke 1.

2 Beaufort

Nimmt man auf dem Wasser schon eine leichte Wellenbildung wahr und belaubte Bäume beginnen merklich zu rascheln, so zeigt dies Windstärke 2 an.

3 Beaufort

Bei Windstärke 3 flattert das Segel schon. Man kann auf dem Wasser deutliche Windwellen beobachten, und auch am Ufer zeigen Flaggen, Bäume und Sträucher deutlich Wind an.

4 Beaufort

Sobald sich auf dem Wasser Schaumkronen bilden, die Bäume sich merklich biegen und das Segel hörbar knattert, spricht man von Windstärke 4.

5 Beaufort
Bei Windstärke 5 bilden sich auf den Wellen weiße Schaumkronen, und am Ufer muß man sich schon leicht gegen den Wind anlehnen. Vereinzelt tritt Gischt auf.

6 Beaufort
Wenn die Schaumkronen auf den Wellenkämmen abreißen und sich weiße Gischt zwischen den Wellenkämmen zu bilden beginnt, herrscht etwa Windstärke 6.

7 Beaufort
Bei Windstärke 7 scheint das Wasser bereits zu kochen. An Land sind ganze Bäume in Bewegung. Man ist nicht mehr imstande, das aufgeriggte Segel gegen den Wind anzustellen. Auch Könner wagen sich jetzt nur noch mit Sturmsegeln aufs Wasser.

8 Beaufort
Ab 8 Windstärken beobachtet man Flugwasser, also Schaum, der buchstäblich von den Wellenkämmen in Windrichtung fortgerissen wird. Am Ufer brechen bereits Äste von den Bäumen. Auch für Windsurfer ist damit die Grenze erreicht, und wer sich bei noch stärkerem Wind aufs Wasser wagt, muß sich darüber im klaren sein, daß mögliche Rettungsaktionen nur schwer durchführbar sind.

Während man bei auflandigem Wind die Windkraft aufgrund der Wellenbildung gut einschätzen kann, täuscht man sich bei ablandigem Wind oft. Er fällt, meist durch hohe Ufer oder Baumbewuchs bedingt, erst weiter draußen mit voller Kraft aufs Wasser, so daß für den Beobachter vom Ufer ein trügerisches Bild entsteht. In Ufernähe zeigt sich keine Welle, und lediglich hie und da huscht ein dunkler Fleck als Spur einer Böe über das Wasser.

Prüfen Sie erst durch Beobachtung von Booten auf dem Wasser oder aber von anderen Uferplätzen aus, wie stark der Wind draußen tatsächlich weht. In unsicheren Situationen ist es nie verkehrt, zunächst einmal ein Sturmsegel zu benutzen.

Verhalten in Notfällen

Wenn man trotz aller Vorsicht einmal in eine Notsituation gerät, bleibt man grundsätzlich beim Board. Es ist das ideale Rettungsgerät. Es kann nicht sinken und auch kaum kentern. Legt man sich darauf, ist man weitgehend sicher.

Man versucht, sich sitzend oder stehend bemerkbar zu machen.

Wenden Sie dabei das internationale Notsignal an. Sie heben und senken dazu die gestrekkten Arme über dem Kopf.

Nicht irgendwelche andere Zeichen soll man in Not verwenden, sondern nur das oben beschriebene Notsignal.

Sicher das Ufer erreichen
Mit einem Brett kann man sich auch ohne Wind fortbewegen. Egal ob man das Ufer erreichen will, weil der Wind zu stark geworden ist, oder weil er überhaupt nicht mehr bläst, mit dem Mast als Paddel kommt man immer voran. Holen Sie dazu den Mast aus der Segeltasche, vergewissern Sie sich, ob die Mastspitze noch gut sitzt und lassen Sie den Mastfuß in der Aussparung im Brett stecken. Auf das zusammengerollte Segel setzen oder knien Sie sich. Könner paddeln sogar im Stehen. Man kann auch nach Lösen der Trimmschot das Segel am Mast zusammenfalten und dann auf dem Brett liegend mit den Armen paddeln. Diese Methode eignet sich aber nur für kurze Strecken, weil es sehr anstrengend ist.
Als geübter Surfer ist man auch in der Lage, mit dem Segelbrett einen Sportsfreund abzuschleppen. Bleiben Sie dazu in Lee, während sich

◀ *Das internationale Notsignal für verunfallte Surfer: Heben und Senken der gestreckten Arme über dem Kopf.*

der Havarist – das zusammengelegte Rigg befindet sich bereits auf seinem Board – in Luv an Ihrem Schwertbändsel festhält. Falls Sie aufkreuzen müssen, nimmt der Abzuschleppende nach jeder Wende immer wieder die Position in Luv ein.

Sturmwarnung

Alle großen, häufig frequentierten Gewässer haben ein Sturmwarnungssystem. Es ist von allen Wassersportlern zu beachten. Sturmwarnung wird durch Blinkzeichen angezeigt. Während die Vorwarnung durch lange Blinksignale erkennbar ist, hat die eigentliche Sturmwarnung eine schnelle Blinkfolge. Besonders Segelfahrzeuge sind dann angehalten, das nächstliegende Ufer anzusteuern.

Beim Abschleppen mit einem Surfboard hält sich der Havarist auf seinem Board liegend auf der Luvseite, am besten am Schwertbändsel des Abschleppbrettes fest.

Grundschein

Grundschein-Lehrgang des Verbandes der deutschen Windsurfing Schulen e. V. (VDWS)

Dieser Leitfaden eignet sich vorzüglich als begleitendes Unterrichtsmaterial für einen Kurs in einer der zahlreichen Windsurfing-Schulen. Wie vorher schon erwähnt, sollten Sie auf jeden Fall eine Schule aufsuchen, um dort in der Gruppe, in einem sicheren Übungsrevier unter Anleitung eines erfahrenen Windsurf-Instrukteurs, die wichtigsten Grundbegriffe zu erlernen.

Windsurfing-Grundschein
Der VDWS vergibt den sog. Windsurfing-Grundschein. Die Prüfung erfolgt theoretisch und praktisch. Im praktischen Teil werden folgende Fertigkeiten geprüft:

1. Einwandfreies Aufriggen
2. Ausführung eines Starts bei halbem Wind geradeaus

3. Stoppen aus einer Halbwindposition (simulierter Notfall)
4. Wenden und Halsen mit zügigem Bewegungsablauf
5. Aus einem Halbwindkurs abfallen bis auf Vorwindkurs.

Nachstehend finden Sie eine kurze Zusammenfassung der Lernschritte zum Windsurfing-Grundschein.

1. Kurze Einführung in die Sportart Segelsurfen
2. Erklärung des Segelbrettes und seiner Einzelteile
3. Die richtige Fußstellung (Simulator)
4. Segel aufholen (Simulator)
5. Startposition (Simulator)
6. Winderkennung (Simulator)
7. Startvorgang (Simulator)
8. Fahrstellung (Simulator)
9. Steuern (Simulator)
10. Wende (Simulator)
11. Halse (Simulator)
12. Aufriggen
13. Zusammenrollen des Segels für die Notsituation
14. Tragen von Board und Segel
15. Balanceübung mit dem Board im Wasser
16. Drehübung an der Boje
17. Start im Wasser
18. Abfallen und Anluven
19. Wende
20. Halse
21. Vorwindkurs
22. Manöverkreis
23. Ideale Segelstellung
24. Die verschiedenen Kurse
25. Surfen in der Gruppe
26. Trimmöglichkeiten
27. Knoten
28. Der Transport des Segelsurfbrettes (Autodachträger)
29. Methode der Steuerung
30. Ausweichregeln
31. Revierregeln
32. Wetter
33. Bekleidung
34. Die eigene Sicherheit und die Sicherheit anderer
35. Notsignale
36. Bergung
37. Erste Hilfe

Konditionstraining

Windsurfing ist der ideale Fitness-Sport. Der Einsatz des ganzen Körpers, frische Luft, Wasser und Sonne ergeben den besonders hohen Erholungswert.
Da das Halten des Gabelbaums und auch die surftypische Haltung etwas ungewohnt sind, stellt sich nach den ersten Übungsstunden meist Muskelkater ein. Keine Angst! Die Muskelschmerzen sind bald überwunden, denn schon nach kurzer Zeit hat man, dank Windsurfen, eine gute Allgemeinkondition erreicht.
Wer sich aber z. B. auf einen Windsurfing-Urlaub oder sportliches Windsurfen vorbereiten will, dem sei das nachfolgende Trainingsprogramm angeraten.
Zwei große Bereiche werden bei der speziellen Windsurfing-Gymnastik unterschieden:

- Warmmachende und Lockerungsübungen
- Kräftigungs- und Ausdauerübungen

Aufwärmen und Lockerungsübungen

Allen ist sicherlich bekannt, daß man einen Motor erst warmlaufen lassen muß, bevor man ihn voll belastet. Mit dem Körper verhält es sich genauso. Wer untrainiert, mit klammen Fingern, verkrampft und zitternd aufs Wasser geht und dann sich nach 10 Minuten den gefürchteten Blutstau im Unterarm holt, ist selbst schuld.

Vor allem wenn Sie noch weniger geübt sind, sollten Sie sich unbedingt warm machen, bevor Sie sich mit dem Segelbrett auf das Wasser begeben.

Zunächst geht es darum, Ihren Körper durch Lockerungsübungen auf die statische Belastung, die ihm in der ungewohnten Windsurfing-Haltung bevorsteht, vorzubereiten.

1. Hüpfen Sie dazu auf der Stelle, gehen Sie abwechselnd tief in die Hocke und springen Sie aus dieser hoch hinaus mit einem Strecksprung.
2. Führen Sie Boxbewegungen aus, ballen Sie die Hände fest zu Fäusten, um diese gleich darauf kräftig auszuschütteln.
3. Zwischendurch kreisen Sie schnell mit Ihren Armen vor und zurück, bis das Blut in die Hände schießt.
4. Zwischen den einzelnen Übungen bearbeiten Sie Ihre Unterarme mit kurzen Handkantenschlägen.
5. Vorteilhaft ist es auch, wenn Sie sich kurzzeitig an einen Ast, eine Stange, einen Türrahmen oder an einen geeigneten Vorsprung hängen, um die Unterarmmuskulatur aufzuwärmen.

Partnerübungen

Ist Ihnen das Aufwärmen allein zu langweilig, so suchen Sie sich einen Partner.

1. Beide greifen an einen Besenstiel, Gabelbaum oder ähnliches, stehen sich mit geschlossenen Füßen gegenüber, hängen sich nun gleichzeitig an den Stiel und gehen dabei in die Hocke. Anschließend stehen Sie beide wieder gleichzeitig auf. Bis zu 16 mal wiederholen.
2. Stellen Sie sich mit Ihrem Sportsfreund Rücken an Rükken, haken die Arme ein und gehen in die Hocke, um kurz darauf wieder aufzustehen. 16 mal wiederholen.

Erst wenn Sie durch und durch warm, Arme und Hände gut durchblutet sind, ziehen Sie Ihren Neoprenanzug an, um aufs Wasser zu gehen.

Training vor längeren Surftouren
Haben Sie vor, mehrere Stunden auf dem Wasser zu bleiben, so empfiehlt es sich, das Aufwärmtraining noch durch weitere Übungen zu unterstützen.

1. Gehen Sie in den Hockstand und strecken Sie dabei wechselweise Ihre Beine.

2. Darauf springen Sie in gehockter Stellung vorwärts, erst mit kleinen, dann mit immer größeren Sprüngen.
3. Nehmen Sie eine leichte Grätschstellung ein, machen Sie einen Armkreis rückwärts, dann vorwärts mit Rumpfbeugen vorwärts.
4. Nun setzen Sie sich auf den Boden, ziehen die Beine an und springen schnell auf, ohne die Arme zu benützen.

5. Abschließend führen Sie noch einige Liegestütze und Klimmzüge aus, so daß Sie etwa 10 Minuten, bevor Sie auf das Wasser gehen, leicht erschöpft sind.

Anschließend entspannen und gut durchatmen. So sind Sie auch für kaltes Wasser und stärksten Wind gut vorbereitet.

Jetzt wird es interessant. Sobald man die einfache Steuerung eines Segelbrettes begriffen hat, warten eine ganze Reihe von Techniken darauf, weitere faszinierende Dimensionen des Windsurfsports zu erschließen. Hauptsächlich die Wende- und Halse-Manöver, bisher noch mit wackligen Beinen ausgeführt, werden vom Zweckmanöver zum Spaß. Das reicht vom beherzten Sprung um den Mast bis zu einem akrobatischen »Unter-dem-Segel-Hindurchtauchen«. Bevor allerdings die einzelnen Techniken, vom Start bis zur Wende, genau erklärt werden, muß noch einmal auf den Grundstoff allen Windsurfens, den Wind, eingegangen werden.

Veränderung des scheinbaren Windes

Besonders wichtig ist es, das Verhalten des »scheinbaren Windes« zu verstehen. Auf ihn muß das Segel ständig neu eingestellt werden, denn er variiert ja je nach wahrem Wind und Fahrtgeschwindigkeit. Wer die nun folgenden theoretischen Beschreibungen einmal praktisch nachvollziehen möchte, der binde sich einfach ein 2 m langes Band aus Segelstoff an seine Mastspitze. Am wehenden Band kann man die Richtung des scheinbaren Windes ablesen. Bereits bekannt ist, daß sich der scheinbare Wind aus wahrem Wind und Fahrtwind zusammensetzt. Er entsteht gewissermaßen aus beiden und wird dadurch auch von beiden beeinflußt. Bei »wenig Fahrt« weht natürlich der scheinbare Wind praktisch aus der Richtung des wahren Windes. Frischt der Wind aber auf und man beginnt deshalb schneller über die Wellen zu gleiten, so verstärkt sich auch der Fahrtwind von vorne. Der scheinbare Wind kommt mehr aus Richtung des Fahrtwindes. Deshalb ist es nicht verwunderlich, daß man auf Raumschotkurs ständig weiter abfallen muß, da durch die zunehmende Geschwindigkeit der scheinbare Wind immer weiter zum Fahrtwind wandert. In diesen Situationen hat das Brett auch die Tendenz, urplötzlich anzuluven.

Fahrtwind (F) von vorne und wahrer Wind (W) von der Seite »vereinigen« sich und bilden den scheinbaren Wind (S), auch in Richtung und Stärke.

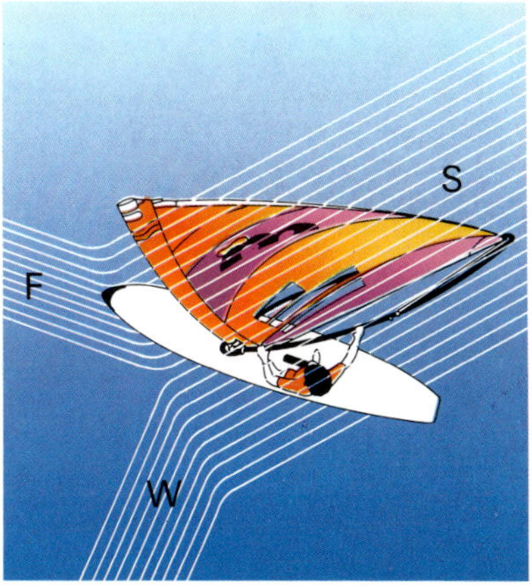

Start

Die Windkraft verhilft zur richtigen Startposition

Erinnern Sie sich an ihre ersten Erfahrungen mit einem Surfbrett? Wie schwierig war es, das Segel in die richtige Ausgangsposition zu bringen. Teils mußten Sie um das Brett herumschwimmen, teils mühsam das Segel über das Brett ziehen. Als geübter Surfer nützen Sie jetzt die Kraft des Windes, um Ihr Brett blitzschnell in die richtige Startposition zu drehen.

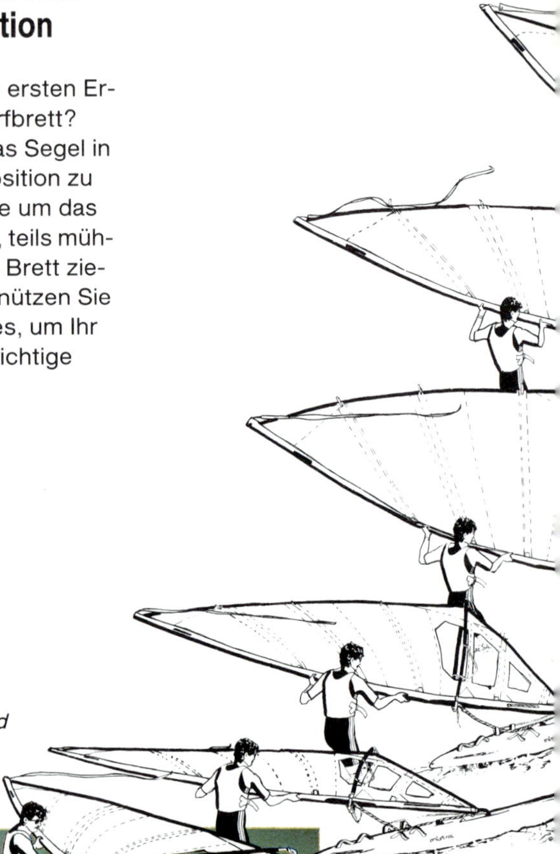

Mit den Händen am Mast das Brett dirigieren und gleichzeitig durch den Wind das Segel umschlagen lassen.

Brett drehen und Segel umschlagen

Gehen wir davon aus, daß im ungünstigsten Falle Ihre Brettspitze zum Ufer zeigt, Sie aber trotzdem mit wenigen Handgriffen den Strandstart durchführen wollen. Sie stehen dabei in knietiefem Wasser. Achten Sie in der Phasenabbildung auf die Windrichtung:

- Mit beiden Händen am Mast drehen Sie das Brett nun gegen den Wind, dabei zeigt auch das Schothorn gegen den Wind.
- Sobald das Schothorn direkt in den Wind weist, schlägt das Segel um.
- Durch das Umschlagen und das Dirigieren am Mast dreht das Brett fast automatisch in die richtige Startposition.
- Nun streifen Sie lediglich am Mast entlang zum Gabelbaum, bringen das Heck in Körpernähe und setzen den Fuß darauf. Damit haben Sie die richtige Startposition eingenommen.

1
2
3
4
5
6

Vorübung zum Wasserstart

Der Wasserstart ist die wichtigste Voraussetzung, um sich unter die Funboardsurfer einreihen zu können. Abgesehen von seinen kraftsparenden Vorteilen, wird er zur Notwendigkeit bei den kurzen Brettern, den sogenannten Sinkern, auf denen es ja nicht mehr möglich ist, das Rigg an der Startschot hochzuziehen. Der Wasserstart kann in zwei Hauptphasen eingeteilt werden:

- Das Rigg in die richtige Lage bringen
- Starten und Anfahren.

Windkraft beim Wasserstart richtig nützen

Sie haben sicher schon öfter gesehen, wie sich ein Surfer durch den Wind, der unter das Segel greift, aus dem Wasser ziehen läßt. Es wurde auch schon darauf hingewiesen, daß beim Beachstart, der ja von bauchtiefem Wasser in den Wasserstart nahtlos übergeht, das Segel am gestreckten Arm gehalten werden muß, damit es möglichst aufrecht steht und so zum Windfang wird. Es soll dem Wind möglichst viel Angriffsfläche bieten. Dasselbe gilt für den Wasserstart. Sie sollten das Spüren der Wirkung der Windkraft regelrecht üben. Setzen Sie sich dazu neben ihr Brett in seichtes Wasser. Sie haben ja schon gelernt, mit dem Rigg das Brett zu dirigieren. Bringen Sie Ihren Körper nun dicht neben das Brett und legen den hinteren Fuß an die Brettkante oder leicht auf das Deck. Ihre Arme bleiben dabei gestreckt. Je nach Windstärke verspüren Sie jetzt den Zug, der hilft, bei starkem Wind direkt auf das Brett ziehen zu lassen oder bei schwächerem Wind die Stabilität gibt, damit Sie über Ihren abgewinkelten hinteren Fuß mit dem Körper auf die Brettmitte gelangen. Wenn Sie die Außenkante des Brettes mit Ihrem Gewicht belasten, kippt das Brett und driftet seitlich ab.

Bildreihe links:
Liegt das Schothorn in Fahrtrichtung, so holt man es mit Schwimmbewegungen gegen den Wind hoch und läßt es umschlagen.

Bildreihe links außen:
Der Bug kleiner Surfbretter läßt sich auch unter dem Mast hindurchdrehen, damit das Board in die richtige Ausgangslage für den Wasserstart kommt.

Brett im Wasser drehen

Bei kleinen Brettern muß man nicht unbedingt das Schothorn umschlagen lassen, manchmal – auch je nach Lage zum Wind – lohnt es sich, die Bugspitze unter dem Mast hindurchzudrehen.

1 + 2 3 + 4

360er

Sie erinnern sich: Ihre erste Übung mit Rigg und Board zusammen bestand darin, das Board durch Anlehnen des Segels an den Wind um 360° zu drehen. Diese Drehung jetzt etwas schneller und perfekter ausgeführt, ist wichtige Voraussetzung für weitere Wendemanöver. Regattafahrer üben den 360er besonders eifrig, denn nach einer Regelwidrigkeit müssen sie ihn zur Strafe drehen, und je schneller sie diesen Brummkreisel durchführen, desto weniger wertvolle Zeit geht dabei verloren.

Phasenablauf des 360er in der Zeichnung oben von links nach rechts.

5

1 Beginnen Sie die Übung damit, daß Sie das Gabelbaumende zum Wasser neigen und eine schnelle Wende einleiten. Machen Sie dabei nicht den Fehler, daß Sie das Segel bereits in der Luft dichtholen. Eine Wende wird immer durch ein Neigen des Gabelbaumendes zum Wasser eingeleitet.

2 Erst wenn das Gabelbaumende knapp über dem Wasser ist, holen Sie mit der Segelhand dicht und beschleunigen so die Drehbewegung des Boards.

3 Anstatt vorne um den Mast herumzugehen, halten Sie das Segel nun weiter kräftig gegen den Wind und drücken mit kleinen Schritten das Board weiter unter dem Segel durch.

4 Gehen Sie dazu nicht zu weit in Richtung Bug, damit dieser nicht unterschneidet.

5 Mit kräftigen Schritten drehen Sie das Board weiter, bis Sie die Ausgangsstellung wieder erreicht haben.

Technik

Wende mit dem kurzen Funboard

Nicht immer kann man mit einem Funboard halsen. Oftmals muß noch auf dicht befahrenen Gewässern auch eine Wende durchgeführt werden. Der Vorgang der Wende bleibt gleich. Lediglich ein längerer Stillstand mit dem Körpergewicht vor dem Mast muß vermieden werden. Die schmalen Bugpartien dieser kleinen Bretter würden sonst unweigerlich sofort absinken.
Gehen Sie folgendermaßen vor:

1 Luven Sie an und überziehen Sie dabei das Segel. Wechseln Sie Ihre Schrittposition schon jetzt.

2 Überziehen Sie das Segel kräftig, so daß dadurch auch noch ein Drehimpuls auf das Brett erzielt wird und dieses mit der Bugspitze durch den Wind geht.

3 Nun wechseln Sie mit einem blitzschnellen Zwischenschritt auf die neue Luvseite. Fassen Sie dazu den Mast mit beiden Händen (Masttechnik).

Die Wende mit einem Funboard: anluven, Segel überziehen, Körperdrehung mit Zwischenschritt und neuer Start.

1

4 Auf der neuen Luvseite wählen Sie die Standposition nicht zu weit hinten. Es hat sich gezeigt, daß es sogar gün-

2 3 4

stig ist, den vorderen Fuß in der Mastnähe zu lassen, damit das Körpergewicht nicht das Heck unter Wasser drückt.

Die Wende auf einem kleinen Funboard muß blitzschnell durchgeführt werden, damit der Bug nicht unter das Wasser gedrückt wird.

1

11

2

Der komplette Bewegungsablauf einer Halse, eingeleitet durch Brettsteuerung.

3

4

5

10

9

8

7

6

Halsen ohne Geschwindigkeitsverlust

Aus einer Am-Wind-Position zur Halse abfallend legt das Brett noch kurzzeitig an Geschwindigkeit zu. Sobald es sich aber der Vorwindlinie nähert, ist nur noch wenig Antrieb durch das Segel gegeben und man muß mit dem Schwung auskommen, mit dem man die Kurve angesteuert hat. Dazu ist es notwendig, daß das Board optimal weiterläuft und nicht abgebremst wird. Bremsend kann eine zu starke Belastung des Hecks oder ein Verschneiden des Brettes beim Kanteneinsatz wirken. Üben Sie deshalb das exakte Steuern des Bogens: bei langen Brettern anfangs durch Rigg- und Brettsteuerung gleichermaßen, bei kürzeren hauptsächlich durch die Brettsteuerung. Haben Sie von vorneherein wenig Schwung, müssen Sie versuchen, mit der alten Segelstellung bis über die Vorwindlinie hinaus das Brett zu drehen, dann schiften Sie das Segel mit einer kurzen Bewegung.

Duck-Jibe

Power-Halse

Die wohl attraktivste Form des Halsens für den Funboard-Surfer ist die Tauch-Halse, auch Duck-Jibe genannt. Gehen Sie folgendermaßen vor:

1. Hohe Geschwindigkeit auf Raumschotkurs.
2. Die Segelhand rutscht am Gabelbaum zurück und führt ihn weit hinten.
3. Jetzt greift die Masthand dieselbe Gabelbaumseite und mit der Segelhand faßt man unter dem Liek hindurch auf die andere Seite des Gabelbaums und zwar möglichst weit vorne.
4. Das ganze Rigg wird dabei nach Luv geneigt und bleibt mit der Mastspitze dicht über dem Wasser.

4

5

Power-Halse

Bei der Power-Halse versucht man, mit möglichst hoher Geschwindigkeit das Brett in einem engen Kurvenradius zu halsen. Fast ausschließlich wird jetzt die Brettsteuerung eingesetzt, da bei der hohen Geschwindigkeit die Segelsteuerung nicht mehr effektiv wirkt. In der Bildserie ist der Bewegungsablauf gut zu sehen.

Schleuderwende

Der Phasenablauf der Schleuderwende in der Zeichnung oben von links nach rechts.

Gekonnt ausgeführt sieht die Schleuderwende wie ein Trick aus. Erst nach einigem Zusehen kommt man dahinter, wie der Windsurfer eigentlich die Windseite gewechselt hat und mit welcher Bewegung er von Lee nach Luv gelangte. Die Schleuderwende ist nur schwer »in Zeitlupe« durchzuführen, denn nur schnell führt sie zum Erfolg. Würde man es langsam versuchen, landete man unweigerlich im Wasser.

1 Leiten Sie die Wende wie üblich ein und überziehen Sie dabei auch das Segel. Der Bug dreht in den Wind und Sie stehen in der bekannten Position mit überzogenem Segel in Lee.

2 Anstatt nun vorne herum den Mast zu runden, drükken Sie mit der Segelhand das Segel wieder über das Heck zurück und halten es »back«.

3 Sobald Sie sich mit dieser Bewegung etwas Platz verschafft haben und keine Gefahr mehr besteht, nach hinten überzufallen, lehnen Sie sich noch einmal kräftig gegen das Segel und den Winddruck von vorne.

4 Im nächsten Moment strekken Sie die Masthand und führen so den Mast an Ihrem Körper vorbei nach vorne in Richtung Bug.

5 Die Segelhand läßt nun das Segel los und gleichzeitig schleudert die Masthand das Segel über den Bug, indem sie den Gabelbaum in Richtung Ihres Körpers zurückzieht.

6 Blitzschnell wechselt das Achterliek die Windseite, und während das Segel dreht, greift die Segelhand als neue Masthand auf die Gabelbaumseite, die Ihnen jetzt zugewandt ist.

7 Auch die Segelhand greift an den Gabelbaum; sie holt nun lediglich dicht. Damit ist die Wende beendet.

Die Schleuderwende dauert nur wenige Sekunden. In dieser Zeit halten Sie back, schleudern das Segel, wechseln Mast- und Segelhand und nehmen die neue Griffstellung ein. Bevor Sie jedoch auf dem Wasser damit beginnen, vergegenwärtigen Sie sich nochmals an Land, am besten an einem Simulator, genau den Bewegungsablauf. Die Schleuderwende können Sie auch bei wenig Wind üben.

Stopphalse

Die Stopphalse ist das ideale Manöver, das Board selbst aus hoher Fahrt heraus anzuhalten. Dazu muß man auch gar nicht halsen, sondern hält lediglich das Segel back. Da man mit diesem Backhalten nach dem Stillstand des Boards aber schon auf halbem Weg zur Halse ist und diese sich dann auch recht einfach durchführen läßt, hat sich daraus die Stopphalse entwickelt.

6

5

1 Üben Sie die Stopphalse am besten aus einem Kurs hart am Wind. Ihr vorderer Fuß steht neben dem Mast. Drücken Sie dazu mit ganzer Kraft das Segel gegen den Wind.

2 Die Fahrt verringert sich, und sobald das Board zum Stillstand gekommen ist, greift die Masthand um den Mast herum. Durch Drücken mit der Segelhand und Ziehen mit der Masthand holt man das Segel über den Bug.

3 Dabei ändert man auch seine Fußstellung. Der vordere Fuß, der neben dem Mast stand, wird zurückgenommen neben den Schwertkasten. Der hintere Fuß dagegen wird zugleich mit der Drehbewegung des Boards weiter vorgestellt.

4 Nun greift auch die Segelhand als neue Masthand um den Mast herum, und während man das Segel langsam dichtholt, ist das Halsemanöver beendet.
Vergessen Sie nicht während des abschließenden Dichtholens, das Gabelbaumende flach über das Wasser zu ziehen. Sie verlagern damit den Segeldruckpunkt weit nach außen, wodurch Ihre Segelsteuerung effektiver arbeitet.

Stopphalse bei starkem Wind

Bei stärkeren Winden ist ein Backhalten des Segels schwierig. Außerdem hat man mit höheren Wellen zu kämpfen.
Man geht deshalb so vor:

1. Pressen Sie nur kurz und kräftig das Segel mit der Segelhand gegen den Wind, darauf greifen

Die Stopphalse bremst das Boot bis zum Stillstand ab. Dazu wird das Segel backgehalten, es wird gegen den Wind gedrückt und über den Bug auf die neue Seite gezogen.

1

2

3

4

Sie mit der Masthand um den Mast herum und ziehen das Segel fast bis zum Bug.

2. Jetzt korrigieren Sie Ihre Beinstellung und greifen sofort auch mit der Segelhand um den Mast. Mit beiden Händen ziehen Sie nun den Gabelbaum in seiner Drehung weiter. Achtung! Das Board beginnt nun regelrecht seitlich wegzuschießen. Es dreht sozusagen auf dem »Teller«. Nur mit einer sorgsamen Beinarbeit verhindern Sie ein Unterschneiden der wegdrehenden Bugspitze.
3. Kanten Sie dabei das Board etwas und nehmen Sie auch die Füße mehr zum Schwertkasten zurück, damit Ihr Körpergewicht über das Schwert kommt.
   Im Schwert liegt ja der günstigste Drehmittelpunkt des Boards, deshalb unterstützt das Gewicht hier die Drehung.

Die Stopphalse wird hauptsächlich auf dichtbefahrenem Raum, kurz vor dem Start einer Regatta angewendet. Man erkämpft sich mit ihr die günstigste Startposition. Haben Sie diese Art zu stoppen und zu halsen gelernt, können Sie getrost auf Ihre Sportsfreunde zusegeln, um dann blitzschnell und elegant das Board zu stoppen, abzudrehen und auf neuem Kurs davonzusurfen. Animieren Sie Ihre Sportskameraden, die Stopphalse zu erlernen. Mit ihr wird die Sicherheit des Segelsurfens demonstriert. Während ein Segelboot in den Wind schießen muß, um zu bremsen, stoppen Sie mit Ihrem Segelbrett auf der Stelle.
Außer der vorher beschriebenen eleganten Methode des Stoppens gibt es auch noch die Möglichkeit, das Rigg einfach ins Wasser fallen zu lassen. Das Segel fungiert dann als Treibanker.

1

Schleuderhalse

Bei den Fortgeschrittenen-Techniken versucht man, Bewegungsabläufe, die nur schwierig auszubalancieren sind, möglichst schnell hinter sich zu bringen, und zwar meistens mit einer Schleuderbewegung. Einen ganz besonderen Spaß bereitet die Schleuderhalse.

Die Schleuderhalse ist aber nicht nur eine Gelegenheit zum Spiel mit Ihrem Segelbrett, sie wird zur Notwendigkeit, wenn Sie bei 4 Beaufort oder mehr vor dem Wind dahinschießen und gezwungen sind, die Windseite zu wechseln, um einen Wellenberg richtig zu nehmen oder einem Hindernis auszuweichen.

So schleudern Sie Ihr Segel:
Üben Sie zuerst bei wenig Wind, denn die Schleuderhalse klappt schon ab 2 Beaufort Windstärke.

1 Fallen Sie auf Vorwindkurs ab.

2 Halten Sie das Segel vor sich und zwar so ausbalanciert daß es weder nach links noch nach rechts umfällt.

3 Nun greifen Sie mit der Masthand an die Startschot, der Arm ist nahezu gestreckt.

4 Ihre Füße befinden sich links und rechts neben dem Schwertkasten, leicht versetzt, so wie gewöhnlich bei einem stabilen Stand.

5 Mit der Hand an der Startschot ziehen Sie das Segel nun etwas weiter nach außen. Dadurch erzielen Sie einen Steuerausschlag, so daß das Board eine Kurve in Richtung des Gabelbaumendes beschreibt.

4

6 In diese Richtung wollen Sie ja auch halsen. Sobald Sie die beschriebene leichte Kurve des Boards erkennen, lassen Sie die Segelhand los und ziehen mit der Hand an der Startschot das Rigg kräftig in Richtung Heck.

7 Der Wind dreht jetzt das Gabelbaumende zum Bug. Dieses Schleudern unterstützen Sie noch mit einem Ziehen an der Startschot in Richtung des Körpers.
Das Segel hat sich so um 180° gedreht. Wenn Sie den Zug mit der Startschot richtig dosiert haben, kommt eine Gabelbaumseite genau vor Ihren Körper, so daß Sie nur noch zupacken müssen.
Der häufigste Fehler bei der Schleuderhalse besteht darin, daß man das Segel nicht weit genug in Richtung Masthand zieht, sobald diese an die Startschot gegriffen hat.

Schleuder-Wind-Halse

Während man die Schleuderhalse, bei der man die Startschot zuhilfe nimmt, selbst bei stärksten Winden durchführen kann, gelingt die Schleuder-Wind-Halse höchstens bis zu 3, maximal 4 Beaufort. Diese Art zu halsen sieht, ähnlich der Schleuderwende, wie ein kleines Kunststück aus, denn das Segel dreht sich bei ihr frei im Wind, ohne daß man während des Drehvorganges den Gabelbaum berührt. Und so gelingt Ihnen dieses Kunststück:

1 Gehen Sie auf Vorwindkurs und halten Sie das Segel ausbalanciert vor sich.

2 Nehmen wir an, Sie surfen auf Backbordbug. Neigen Sie nun den Mast noch weiter auf die Steuerbordseite.

Fußstellung

3 Er würde jetzt, wenn Sie beide Hände vom Gabelbaum nehmen, nach Steuerbord fallen, d. h. der Segelschwerpunkt befindet sich nicht mehr über dem Mastfuß, sondern weiter rechts etwa an der rechten Brettkante.

4 Und nun beginnt der Trick. In einer Kreisbewegung, bei der Ihre rechte Schulter den Kreismittelpunkt darstellt, ziehen Sie mit der Masthand den Mast zu sich.

5 Doch schon im nächsten Moment nehmen Sie beide Hände vom Gabelbaum und sehen zu, wie sich das Segel, wie von Geisterhand bewegt, selbst um 180° dreht und geschiftet exakt die richtige Vorwindstellung einnimmt, so daß Sie nur noch rasch mit Segel- und Masthand zugreifen müssen.

Dieses Schiften des Segels gelingt nur, wenn die Kreisbewegung der Masthand dosiert ausgeführt wird. Reißt man zu fest an, so fällt der Mast nach hinten, und gibt man dem Segel zu wenig Schwung, so fällt der Mast, bevor sich das Segel gedreht hat, in Richtung Bugspitze.

Fußstellung + Beinarbeit

Windsurfer, die gelernt haben, ihr Brett zu beherrschen, und sich nun mit weiteren Techniken beschäftigen, müssen vor allem der richtigen Fußstellung und Beinarbeit Beachtung schenken. Eine ausgewogene Beinarbeit trägt entscheidend zum ermüdungsfreien und sicheren Windsurfen bei.
Bisher standen Sie eigentlich immer mit einem Fuß entweder kurz vor oder neben dem Mast und dem anderen auf dem Schwertkasten. Haben Sie nun mehr Wind zu meistern und damit auch gegen eine höhere Welle zu kämpfen, so müssen Sie ständig bemüht sein, durch den Wechsel der Fußstellung einerseits die optimale Übertragung der Windkraft auf das Board zu gewährleisten und andererseits den jeweils günstigsten Boardtrimm durch Verlagerung des Körpergewichts herbeizuführen. Dies geschieht durch unentwegte Feinarbeit der Arme, des Körpers und speziell der Beine.
Eine Grundregel für die richtige Fußstellung lautet:

> Der vordere Fuß soll immer in Bootslängsrichtung stehen, während der hintere Fuß eine rechtwinklige Position zur Bootslängsachse einnimmt.

Diese sichere Fußstellung wird bei den verschiedensten Sportarten

Fußstellung auf den verschiedenen Kursen

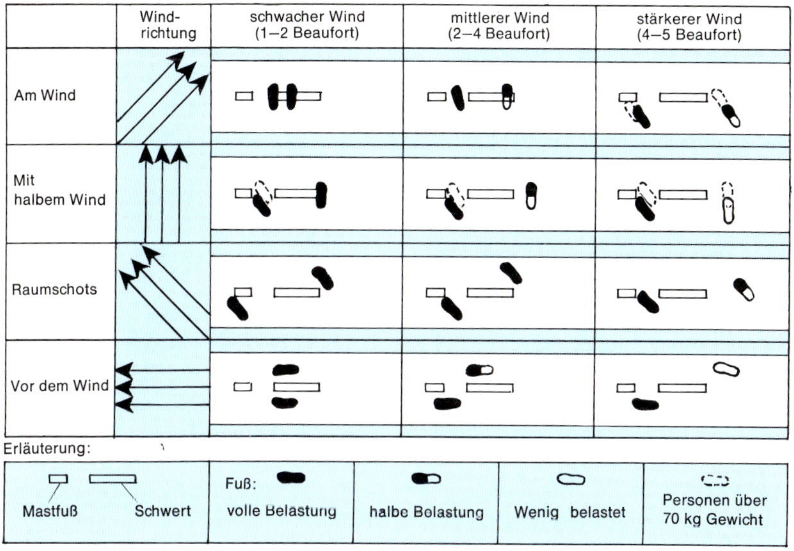

wie z. B. auch dem Fechten angewendet. Meistens wird beim Surfen der hintere Fuß als Standfuß zur Übertragung von Kräften, die einen Steuerausschlag bewirken, benützt. Der vordere Fuß dagegen dient hauptsächlich zum Abstützen gegen die Zugkraft, die das Segel entwickelt, und die mit dem Körper bzw. der richtigen Segelhaltung kontrolliert wird.
Es ist deshalb nicht verwunderlich, daß sich die Fußstellung bei zunehmendem Wind verändert und die Beine stärker gegrätscht sind (siehe Tabelle oben). Sie müssen sich angewöhnen, die gesamte Brettbreite als Standfläche zu benutzen. Auf Raumschotkurs wandert z. B. der vordere Fuß mehr nach Luv, während der hintere entsprechend weit auf der Leeseite des Brettes plaziert wird, um die Balance zu halten. Kippt das Board auf diesem Kurs seitlich und ein Kentersturz droht, so bleibt bei richtiger Fußstellung die Möglichkeit, blitzschnell mit einem oder auch mit beiden Füßen die Brettkante herunterzudrücken.
Hauptsächlich bei den Manövern sollten Sie sich jetzt angewöhnen, synchron zur Drehbewegung die Fußstellung zu wechseln. Am besten tun sie dies am Anfang mit kleinen schlürfenden Kontaktschritten, bis Sie die instabilen Zonen kennengelernt haben.

Boardtrimm

Windsurfer, die ihr Segelbrett auf Höchstgeschwindigkeit trimmen wollen, müssen sich ausgiebig mit dem Boardtrimm beschäftigen. Durch das Körpergewicht kann die Lage des Boards im Wasser entscheidend beeinflußt werden. Mastfuß, Schwert und Finne sind bereits richtig plaziert, so daß Sie sich mit dieser Seite des Trimmens nicht beschäftigen müssen. Sehen wir uns nun den Trimm auf den einzelnen Kursen an:

Hart am Wind

Hart am Wind muß man gegen die Wellen ankommen. Grundsätzlich stehen Sie dabei etwas näher am Heck, damit der Bug hochkommt und den Wellenkamm erklimmt, ohne zu unterschneiden. Verlagern Sie ihr Körpergewicht aber nicht zu weit rückwärts, denn ein zu stark belastetes Heck wird zur Bremse! Regattasurfer pendeln sogar auf diesem Kurs, d. h. kurz vor der Welle schwingen sie einen Moment zurück und pendeln gleich darauf wieder die horizontale Brettlage ein, um die hydrodynamischen Eigenschaften des Unterwasserschiffes optimal auszunutzen.

Halber Wind

Sie segeln nun parallel zur Welle und halten das Board mit Ihrem Körpergewicht möglichst waagrecht. Da man mit halbem Wind schon ganz beachtliche Geschwindigkeiten erreichen kann, ist auch die Fußstellung stark versetzt, so daß Ihr Körperschwerpunkt möglichst nahe an das Brett herankommt. Der tiefe Schwerpunkt verhindert eine Pendelwirkung des Körpers und begünstigt die Gleiteigenschaften des Brettes.

Raumschots

Der Boardtrimm auf Raumschots-Kurs wird maßgeblich davon beeinflußt, ob man im Trapez surft oder nicht. Raumschots im Trapez ist einfach, man steht zurückgelehnt in den Fußschlaufen und achtet evtl. bei kleinen Brettern auf die

Bugspitze, um ein »Unterschneiden« zu verhindern. Etwas schwieriger ist dieser Kurs ohne Trapez und Fußschlaufen; man muß sich nun gegen den nach vorne gehenden Zug des Segels stemmen, dabei zurücklehnen. Das Board soll dabei in Längs- und Querachse flach zum Wasser liegen, bei kleineren Boards kann für die Richtungsänderung die Fußsteuerung eingesetzt werden.

Vor dem Wind

Beim Vor-dem-Wind-Kurs zeigen die Fußspitzen immer nach vorne. Bei schwächerem Wind sind die Füße in der Längsachse des Brettes etwas versetzt, so daß Sie auch auf diesem Kurs durch Vor- und Zurückgehen die Wellen richtig nehmen können. Problematisch wird es vor dem Wind ab etwa 4 Beaufort. Sie knien sich dann am besten, mit dem der Segelseite zugewandten Fuß, auf das Brett. So ist der Schwerpunkt dicht über dem Brett und es besteht keine Gefahr, daß Sie nach vorne umgerissen werden. Bei noch stärkeren Winden knien sich Könner mit beiden Beinen hinter den Schwertkasten, um durch ein starkes Neigen des Riggs rückwärts die Segelfläche zu verringern. Dies gilt besonders für den Notfall, wenn man unbedingt auf diesem Kurs das Ufer erreichen muß.

Windsurfing-Technik

Die Lage des Trapeztampens am Gabelbaum und seine richtige Länge entscheiden über das kraftsparende Surfen.

Trapezsurfen

Suchen der richtigen Griffposition durch weites und enges Fassen des Gabelbaums.

Der fortgeschrittene Surfer kann auf das Trapez nicht mehr verzichten. Warum sollte man auch auf längeren Am-Wind- oder Raumschots-Strecken den vollen Segelzug mit den Armen halten?
Binden Sie Ihren Trapeztampen wie auf den Abbildungen gezeigt.
Sehen Sie sich die Distanz bis zum Gabelbaum-Vorderteil an. Je nachdem, ob Sie Brust- oder Hüfttrapez verwenden, muß der Tampen länger oder kürzer sein. Die beiden Abbildungen links zeigen Ihnen, wie Sie durch enges oder weites Greifen am Gabelbaum bei Wind den Mittelpunkt des Trapeztampens herausfinden können.

Der Trapeztampen hat die richtige Länge, wenn die Arme fast gestreckt sind.

Brandungssurfen

Windsurfing wurde aus Wind und Wellen geboren. In höheren Wellen und speziell in der Brandung lernt der Windsurfer ganz neue Dimensionen seines Sports kennen. Da an Europas Küsten das Wellenreiten nur sehr begrenzt möglich ist, weil die Wellenberge zu niedrig sind, um einen Surfer richtig ins Gleiten zu bringen, gehen die Windsurfer mehr und mehr in die Brandung. Es werden bereits Brandungswettbewerbe durchgeführt. Immer mehr Brandungsenthusiasten pilgern zu den geeigneten Küstenstrichen, die es auch in Europa gibt, um zusätzlich zur Windkraft auch noch die Brandungswellen als Antrieb für ihr Board zu nutzen.

10 Gebote des Brandungssurfens

1 Beim Start im schwerttiefen Wasser zeigt die Bugspitze in Richtung Wellen. Man steht neben dem Brett und hält das Rigg am Gabelbaum.

2 Jede heranrollende Welle, egal ob sie sich schon gebrochen hat oder noch steht, wird mit der Bugspitze empfangen. D. h., beim Kreuzen gegen die Welle muß als erster Teil des Brettes immer die Bugspitze die Welle berühren. Das Board darf also nie quer zur Welle stehen.

3 Damit die Bugspitze in der heranrollenden Welle nicht unterschneidet, belastet man kurz den hinteren Fuß.

4 Während man gegen die Wellen kreuzt, fährt man nach Möglichkeit maximale Geschwindigkeit. Je höher die Geschwindigkeit, mit der man auf die Welle zufährt, um so besser.

5 Der Wellenzyklus muß ständig beobachtet werden. Auf eine Serie kleiner Wellen folgt immer eine hohe. Gestartet wird am besten am Ende einer hohen Wellenserie.

6 Fährt man mit sehr hoher Geschwindigkeit gegen die Wellen, springt man unter Umständen vom Wellenkamm wie von einer Sprungschanze und ist dabei mit dem gesamten Brett frei in der Luft. Den anschließenden Sprung ins Wellental übersteht man nur, wenn man ihn durch Tiefgehen in die Hocke ausfedert.

7 Mit der Welle, also in Richtung Ufer, gleitet man immer schräg zur Welle, niemals surft man genau in Wellenrichtung.

8 Man surft zwischen zwei Kämmen los und läßt sich durch Fieren des Segels von der Welle einholen.

9 Sobald die Welle das Heck hebt, läuft man auf dem Board zurück, damit es vorne nicht unterschneidet. Beim Surfen mit der Welle unbedingt Brandungsschwert benützen.

10 Durch Gewichtsverlagerung zum Bug oder Heck variiert man die Lage des Brettes und paßt sie dem Wellenwinkel an, so daß das Brett ständig in einem Gleitzustand bleibt. Bei rasanter Fahrt hält man das nutzlos gewordene Rigg flatternd in der Hand.

◀ *Gefahr und Gewalt der brechenden Wellen werden in diesen beiden Bildern sichtbar.*

1

2

Sprung von vorne

Sprung von hinten

1

2

4

1 Raumschots surfen Sie gegen die anrollende Welle den Wasserberg hoch.
2 Oben angekommen fieren Sie kurz auf, um nicht zu weit über den Wellenkamm hinauszuschießen.

3 Sie hängen nun nicht mehr am Segel und balancieren den Sprung aus.
4 Die Landung federn Sie mit den Beinen ab und holen dabei Ihr Segel wieder dicht.

---

1 Während Sie auf den Wellenkamm zusurfen, fahren Sie mit dichtem Segel Maximalgeschwindigkeit.
2 Ihre Füße sind etwas versetzt, um beim Absprung die Balance zu halten.

3 Oben angekommen halten Sie das Segel noch kurz dicht.
4 Sobald das Brett über die Welle hinausschießt, fieren Sie auf.

4

Brandungssurfen

Während man mit normalen Surfboards immer nur mit der Welle surfen kann, wird der Sprung über die Welle mit einem Windsurfer zum Riesenspaß. Man benötigt dazu ablandigen Wind, also Wind, der möglichst gegen die heranrollende Welle steht. Im Grunde ist das Wellenspringen ganz einfach. Man wartet ein Wellental ab und rast dann raumschots gegen die sich nähernde Welle. Wichtig ist, daß man hochschießt, noch bevor sie sich bricht. Ideal ist es, wenn man in dem Moment den höchsten Punkt der Welle erreicht, in dem diese beginnt, den Schaumkamm nach vorne zu neigen, um zu brechen. Jetzt heißt es aufpassen. Oben am Wellenkamm angekommen, muß man blitzschnell das Segel fieren. Das Brett, das genügend Fahrt auf Raumschotkurs aufgenommen hat, schießt nun über den Wellenkamm hinaus, mehrere Meter durch die Luft, um dann mit dem Heck zuerst wieder zu landen. Während des Fluges halten Sie sich am Gabelbaum fest. Versuchen Sie schon auf Raumschotkurs, Ihre Füße weit auseinander zu plazieren, so daß Sie dann während des Fluges durch die Luft einen guten Stand haben. Die Sprung-Profis in Hawaii halten oben am Wellenkamm ihr Segel

Das Queren der Welle von hinten (links) und dann das Verlassen der Gischt von vorne (rechts) gesehen.

noch einen Moment lang dicht.
Das Brett schießt nun so über die Welle, und sobald das Board keine Berührung mehr mit dem Wasser hat, wird es durch das dichtgehaltene Segel weit durch die Luft geschleudert. Mit dieser Technik werden bis zu 10 m weite Sprünge erreicht. Der Surfer fällt dabei mitunter im freien Fall mehrere Meter tief in das Wellental.
Die Landung läßt sich gut steuern. Am besten stellen Sie sich, wenn Sie auf die Welle zusurfen, weit hinten aufs Brett. Während des Fluges drückt nun Ihr Körpergewicht das Heck zuerst nach unten. So klatscht nicht das ganze Brett ins Wasser. Dabei tief in die Knie gehen und so den Aufschlag des Buges ausfedern. Auf gar keinen Fall dürfen Sie vorne oder in Mastnähe stehen, Sie würden dann mit dem Bug zuerst landen und dabei böse stürzen.
Haben Sie es mit besonders hohen Wellen zu tun, so daß Sie nach dem Wellenkamm immer 1–2 m tief fallen, so können Sie das Segel auch als Fallschirm benutzen, indem Sie es nach dem Absprung über sich ziehen und damit den Fall nach unten abbremsen.
Wer Windsurfen in seiner ganzen Breite erleben möchte, sollte unbedingt einmal die Gelegenheit wahrnehmen und das Wellensurfing an der französischen oder spanischen Atlantikküste, in Marokko, vielleicht sogar in Hawaii oder überall dort versuchen, wo eine genügend hohe Welle steht.

Brandungssurfen

Mit der Bugspitze Richtung Welle hält man gefahrlos das Brett in der Brandung.

Starten

Beim Starten achten Sie auf die Wellenformation. Bugspitze des Brettes muß immer genau in Richtung heranrollende Welle zeigen. Mit dem kurzen Brett stehen Sie im knietiefen Wasser, setzen es ein und surfen sofort los. Sehen Sie sich die beiden Bildfolgen auf dieser Seite gut an. Oben wird gezeigt, wie man es richtig macht; der Surfer auf den unteren Fotos wendet die falsche Methode an.

So sollte man nicht hinter dem Brett stehen, die nächste Welle schlägt es quer, und das kann zu Verletzungen führen.

Starten und Anlanden

Anlanden

Beim Zurückkommen achten Sie auf die Uferformation. Oft läuft das Wasser plötzlich zurück und blitzschnell sitzen Sie auf Sand auf. Springen Sie noch in seichtem Wasser ab, heben Sie sofort Ihr Brett hoch und tragen es - wie die Bildreihe rechts zeigt - aus dem Wasser.

Beim Anlanden rechtzeitig abspringen und das Board sofort mit dem Rigg nach oben nehmen und ans Ufer tragen.

Brandungssurfen

Die Welle abreiten, durch den sogenannten »Bottom-Turn« wieder zurück zum Wellenkamm surfen.

◀ *Die Welle mit hoher Geschwindigkeit queren, ohne in die brechende Schaumkrone zu geraten.*

Wellenreiten mit einem Segel gehört zum Extremsten, was der Windsurfingsport bieten kann. Die kleinen Surfboards entsprechen ganz den herkömmlichen Wellenreitbrettern, man hat eben lediglich ein Rigg darauf gesetzt. Damit kann man nun die Windkraft nützen, um hinaus hinter die brechenden Wellen zu gelangen und waghalsige Manöver auf der Welle zu absolvieren. Am meisten Spaß bringt das Abreiten der Welle, also die Talfahrt mit rasantem Bogen zurück zum Wellenkamm und dann mit einem Sprung darüber zurück zur nächsten Welle, mit der es dann wieder Richtung Ufer geht.

Wellen-Springen

Eine Welle kann als Sprungschanze dienen. Nicht nur eine Brandungswelle, sondern schon die kleinsten Windwellen genügen zum Abheben. Dies ist eigentlich nicht so schwierig. Gehen Sie mit Ihrem Funboard auf Halbwindkurs, so daß Sie sich quer zu den Windwellen bewegen. Bei maximaler Geschwindigkeit suchen Sie sich einen kleinen Wellenberg aus, luven kurz an, ziehen mit dem vorderen Fuß in der Schlaufe stehend die Brettspitze etwas hoch. Sobald das Brett frei ist, ziehen Sie Ihre Fersen hoch und damit auch das Brett aus dem Wasser; und schon fliegen Sie frei durch die Luft.

Wellenspringen, die hohe Schule des Surfens.

Tricksurfen

Der Sport Windsurfing ist erst wenige Jahre alt und schon wollen viele mehr, als nur möglichst schnell um 3 Tonnen zu fahren. Sie möchten zeigen, daß sie ihr Brett noch besser beherrschen, als dazu notwendig ist.
Diese Entwicklung begann in Hawaii und Kalifornien. Einige Einheimische versuchten, das Windsurfen von der Routine zu neuen Dimensionen, zu neuem Spaß zu führen.
Ende der sechziger Jahre wurde von den Amerikanern das Trickskifahren entdeckt, das drüben zu großer Popularität gelangte. Auch beim Windsurfen ging der Anstoß von Amerika aus, und heute begeistern sich immer mehr Windsurfer in aller Welt an Hot-Dog- und Freestyle-Figuren.
Man versucht, Kunststücke selbst herauszufinden und neue Wege in Stil und Technik zu entdecken. Nachdem früher Wettbewerbe fast ausschließlich als Regatten auf einem olympischen Kurs durchgeführt wurden, setzen sich heute immer mehr Wettkämpfe mit spielerischem Charakter durch. 1976 gab es in den USA bereits die ersten Hot-Dog-Surfing-Wettkämpfe. Bei solchen Wettbewerben fahren die Konkurrenten Pflicht- und Kürfiguren. Eine Jury entscheidet über die Punktzahl. Gewertet werden Anzahl der Figuren, Schwierigkeit, Ausführung, Eleganz und Dynamik.

Auf der Kante

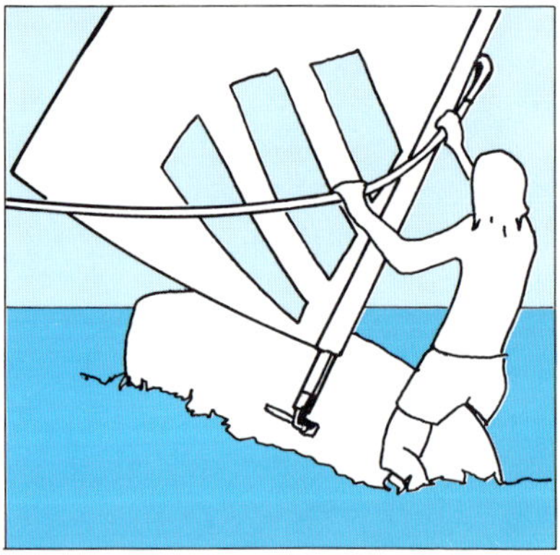

Rückwärts auf der Kante surfen, das Brett hat man dabei zwischen den Beinen.

Vergewissern Sie sich, daß Ihr Mastfuß fest mit dem Board verbunden ist. Nötigenfalls behelfen Sie sich mit Klebeband oder einem Taschentuch. Sie segeln nun mit halbem Wind oder besser noch zwischen halbem Wind und Raumschotkurs. Stellen Sie nun den vorderen Fuß weit auf die Luvkante und den hinteren Fuß ganz in Lee. Nun belasten Sie den hinteren Fuß und drücken damit die Leekante ins Wasser.
Sobald die Luvkante hochkommt, knicken Sie vorne ein und knien sich auf die Luvkante. Das Hochziehen der Luvkante können Sie noch dadurch unterstützen, daß Sie Ihren vorderen Fuß, sobald das Brett zu kippen beginnt, unter die Luvkante schieben und diese dann anheben. Achten Sie bei der Aktion

mit den Beinen darauf, daß Sie ständig Kurs behalten und das Segel immer gut mit Wind gefüllt ist. Keinesfalls dürfen Sie anluven.
Anfangs können Sie das Brett auch dadurch aufstellen, daß Sie lediglich den hinteren Fuß in Lee belassen. Sobald das Brett kippt, stellen Sie sich blitzschnell mit dem vorderen Fuß auf das hochkommende Schwert.
Sobald Sie das Aufkanten des Brettes beherrschen, können Sie sich daraufsetzen, daraufstellen oder in einer Art Hocke auf der Kante stehen. Geringfügig läßt es sich auch steuern, man bleibt jedoch immer zwischen halbem Wind und Raumschotkurs.

Im Gabelbaum surfen.

Im Gabelbaum
Im Gabelbaum segelt man nicht nur zum Spaß, man kann diesen Trick auch bei sehr starkem Wind anwenden, um Kraft zu sparen. Am besten versuchen Sie es wieder auf Halbwindkurs. Nehmen Sie die Segelhand vom Gabelbaum, fieren kurz auf und schlüpfen mit Ihrem Oberkörper in die Gabel, die von der Masthand gehalten wird. Bei stärkerem Wind stecken Sie zuerst den Kopf darunter, verharren einen Moment und schieben dann den Oberkörper nach. Anschließend greift die Masthand direkt oberhalb des Gabelbaums an den Mast, während sich die Segelhand mit dem ganzen Arm auf die Gabelinnenseite legt. Mit genügend Wind können Sie sich nun gegen den Gabelbaum zurücklegen. Könner meistern so eine Kreuzstrecke bei stärksten Winden mit einem Minimum an Kraftaufwand.

Mit dem Rücken zum Segel
Segeln Sie wieder auf Halbwindkurs. Nehmen Sie die Segelhand vom Gabelbaum, drehen Sie Ihren Oberkörper in Fahrtrichtung und greifen Sie nun mit der Segelhand blitzschnell an die Stelle, an der die Masthand den Gabelbaum gehalten hat. Sobald Sie den Baum dort mit der Segelhand halten, drehen Sie sich ganz nach Luv um, so daß Sie dorthin sehen, woher der Wind kommt. Jetzt greifen Sie mit der anderen Hand den Gabelbaum und hängen sich mit dem Rücken zum Segel gewendet an den Gabelbaum. Steuern läßt sich das Board so nur schwierig. Führen Sie deshalb diese Figur, wie eigentlich auch alle übrigen, dort aus, wo Sie niemand stören oder gar gefährden.

Tricksurfen

Mit dem Rücken zum Segel im Gabelbaum
Wie schon vorher beschrieben schlüpfen Sie zuerst mit dem Oberkörper in den Gabelbaum.

Rückwärts auf der Kante surfen und dabei auf der Kante stehen.

Vorwärts auf der Kante surfen und dabei mit dem Oberkörper den Gabelbaum halten.

Sobald Sie auf stabilem Kurs sind, lösen Sie die Masthand vom Mast und drehen sich um 180°C. Die Drehung erfolgt am besten mit einem Sprung. Sie stehen nun mit dem Rücken zum Segel, halten den Gabelbaum vor sich und können sich mit der Brust gegen ihn legen.

Auf dem Bug
Wenn der Bug nach dem Anluven des Brettes im Wind steht, gehen Sie nicht um den Mast wie zur Wende, sondern überziehen das Segel weiter. Das Board beginnt dabei rückwärts zu fahren, und nun gelangen Sie mit einem Satz

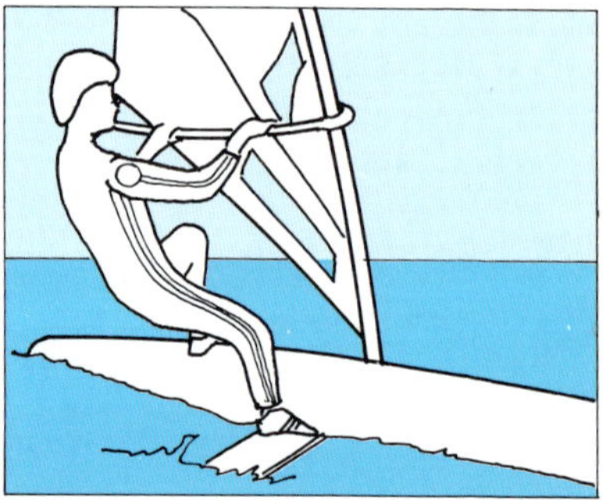

Vorwärts auf der Kante surfen und zum Ausbalancieren einen Fuß auf das Schwert stellen.

auf den Bug und holen das Segel über sich. Dabei belasten Sie den Bug, so daß das Heck hochkommt. Besonderen Spaß macht es, sich dabei hinzusetzen und das Segel mit nach unten zu holen. Dadurch erzielen Sie eine Tragflächenfunktion des Segels. Sie haben genügend Auftrieb, um sich an den Gabelbaum zu hängen.

Auf der Kante, mit dem Heck voraus
Etwas schwieriger ist es, mit dem Heck voraus auf der Kante zu surfen. Der Bug, bei den meisten Boards mit weniger Masse ausgebildet, taucht dabei tief ins Wasser, so daß das Heck weit herausragt. Das Aufkanten geschieht wie schon beschrieben. Sie surfen dazu lediglich auf dem Bug stehend vor dem Wind los und luven dann leicht an, bis Sie wieder auf einem Raumschotkurs sind. Nachdem Sie das Brett aufgekantet haben, setzen Sie sich am besten im Reitsitz darauf und nehmen so den Bug zwischen die Beine.

In Lee
Diese Figur lernt man sehr schnell. Bei leichteren Winden gehen Sie

In Lee stehend surfen.

auf Am-Wind-Kurs schnell vor dem Mast herum und lehnen sich in Lee anfangs mit dem Gesicht zum Segel und später mit dem Gesicht nach vorne gegen das Segel. Sobald Sie auf der Leeseite stehen, geben Sie dem Winddruck etwas nach, der Mast drückt Sie dadurch etwas in Richtung Bug und Ihr Boot fällt auf Raumschotkurs ab. Wollen Sie wieder anluven, so drücken Sie den Mast mit Ihrem Körpergewicht nach hinten.

Auf dem Heck
Sie segeln dazu auf Vorwindkurs und gehen nun Schritt für Schritt

Kniend in Luv mit dem Rücken zum Segel surfen.

immer weiter zum Heck. Das Board steigt mit dem Bug hoch aus dem Wasser und wird dadurch stark abgebremst. Das Kunststück besteht darin, das Board im steilen Winkel im Wasser aufzustellen, ohne daß man seitlich abrutscht oder gar umfällt. Je nach Körpergewicht taucht man dabei selbst bis zum Bauch oder zur Brust ins Wasser. Sobald die Sache instabil wird, versucht man mit einem Schritt wieder mehr zum Schwertkasten zu gelangen, wodurch sich das Board sofort aufrichtet und Geschwindigkeit aufnimmt.

Liegend vor dem Wind

Diese Figur kann zur Notwendigkeit werden, wenn es darum geht, auf Vorwindkurs starken Wind zu meistern. Nehmen Sie Vorwindkurs ein und setzen Sie sich auf das Brett, am besten auf den Schwertkasten. Die Beine strecken

Auf dem Bug liegend rückwärts surfen und dabei den Gabelbaum mit Füßen und Händen halten.

Sie links und rechts neben den Mast, die Füße können dabei an der Brettaußenkante Halt finden. Nun legen Sie sich langsam zurück, bis Ihr Rücken das Board berührt, das Segel halten Sie über sich. Der Wind hat jetzt nur noch wenig Angriffsfläche. Bei einer Bö kann man sich wieder hochreißen lassen, wenn man das Segel mit den Armen etwas hochdrückt.

Liegend vor dem Wind, die Füße am Gabelbaum

Bei dieser schon fast akrobatischen Figur kommen hauptsäch-

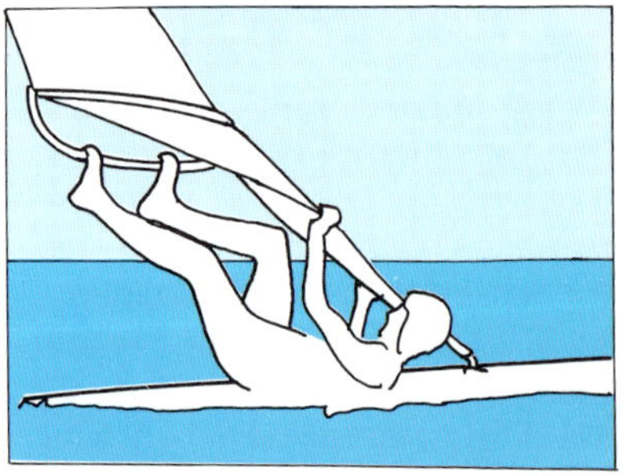

Liegend vorwärts surfen und dabei den Gabelbaum mit den Füßen halten.

lich Ihre Beine zum Einsatz. Sie nehmen wie beschrieben den liegenden Vorwindkurs ein und halten das Segel über sich, so daß die Arme fast gestreckt sind. Nun ziehen Sie Ihre Beine an und strecken sie. Den an den Beinen anliegenden Gabelbaum lassen Sie langsam auf die Füße gleiten. Im selben Moment greifen Sie mit den Händen die Brettkante und stützen sich so gegen den Winddruck ab. Das Segel, das sich ständig aufrichten will, halten Sie immer in Balance, so daß es weder nach links noch nach rechts umfallen kann.

Kürprogramm aus einzelnen Figuren

Aus den einzelnen beschriebenen Kunststücken lassen sich Figuren zu einer Kür zusammenstellen. Am sinnvollsten reiht man die Bewegungsabläufe so aneinander, daß ein harmonischer, flüssiger Gesamteindruck entsteht. Am besten wird das dadurch erreicht, daß immer an eine Halse oder einen Vorwindkurs eine Wende anschließt.
Im folgenden ist als Beispiel eine sehr attraktive Kür aufgeführt:
Sie segeln auf Halbwindkurs.
Luven Sie an und schließen Sie den **360 er** an.
Darauf drehen Sie nicht wieder bis auf Halbwindkurs, sondern bleiben einen Moment auf Vorwindkurs.
Setzen Sie nun zur **Schleuderwende** an, um auf den neuen Bug zu gelangen. Nun luven Sie leicht an und stellen das Brett **auf die Kante**.
Nachdem Sie raumschots einige Meter zurückgelegt haben, kippen Sie das Brett in die Normallage und wechseln mit einer **Tauchwende** die Windseite.
Sobald Sie den Gabelbaum wieder fest in Händen halten, nehmen Sie gar nicht erst Fahrt auf, sondern überziehen und springen mit einem Satz auf den Bug: Sie surfen **rückwärts mit dem Heck voraus.**
Aus dieser Figur können Sie das Brett wieder auf die Kante stellen, wobei Sie sich jetzt auf den Bug setzen und diesen zwischen die Beine nehmen: **Auf der Kante, mit dem Heck voraus.**
Nun kippen Sie das Brett wieder in Normallage, bleiben auf dem Bug sitzen, nehmen darauf eine Hockstellung ein und drehen das Brett um 180°, so daß Sie auf einen normalen Vorwindkurs gelangen, den Sie zuerst sitzend und dann liegend meistern. Jetzt halten Sie **liegend vor dem Wind den Gabelbaum mit den Füßen**.
Stehen Sie jetzt zu einer normalen Position auf, luven etwas an und schließen die Kür mit einer **Schleuderwende** ab.

Eissurfen

Im Winter hängen die Segelbretter meist nutzlos in der Garage. Auf zugefrorenen Seen aber kann man sie auch in der kalten Jahreszeit zum Einsatz bringen.
Entweder wird das Board mit zwei Kufen versehen, die am Schwertkasten befestigt werden, oder aber man verzichtet ganz auf das Brett und verwendet nur das Rigg auf einem 1,50 m bis 2 m langen Spezialbrett, an welches 3 Kufen geschraubt sind. Beim Eissegeln, das in anderer Form ja schon lange besteht, werden enorme Geschwindigkeiten erreicht. Ein Eissurfer kann raumschots bei 4–5 Beaufort bis zu 80 Stundenkilometer fahren. Angenehm ist dabei, daß das Fahren und Steuern auf dem Eis viel einfacher ist, als auf dem Wasser da man nicht mit der Welle und einem wackligen Brett zu kämpfen hat, sich also nicht auf die Balance konzentrieren muß, sondern nur auf die richtige Segelstellung.
Die Fahrtechnik ist ähnlich wie beim Windsurfen. Der Mastfuß sitzt in einer Aussparung vor dem hinteren Kufenpaar. Die vordere Kufe ist beweglich, so daß man abfällt, wenn man das Rigg nach vorne neigt, und anluvt, wenn es nach hinten geneigt wird.
Ein Eissurfer ist ohne viel Aufwand selbst zu bauen. Man kann aber auch in Fachgeschäften Baupläne oder fertige Geräte beziehen.

Ein Eis-Surfbrett von unten gesehen mit den 3 Kufen, die vordere davon ist entweder beweglich oder rundgeschliffen.

Windsurfing-Spezial

Bootsurfing

Ein Surfbrett kann auch als Wasserski verwendet werden. Dazu hängt man sich an einem ca. 30 m langen Seil hinter ein Motorboot. Vorher wird der Schwertkasten abgedichtet (Handtuch oder passendes Stück Holz), da sonst eine meterhohe Wasserfontäne die Sicht verdeckt. Gestartet wird im Knien. Sowie sich das Boot in Bewegung gesetzt hat und damit an Stabilität gewinnt, steht man langsam in der Nähe des Schwertkastens auf. Die Füße stehen auf der Bootslängsachse, so daß man sich gegen den Zug nach vorne abstemmen kann. Surfen Sie zuerst im Fahrwasser hinter dem Motorboot. Sobald Ihnen das Ausfedern der kleinen Wellen keine Schwierigkeiten mehr bereitet, gehen Sie einen kleinen Schritt zurück, so daß die Bugnase höher kommt, kanten dann mit Ihrem Körpergewicht das Brett etwas und schießen so seitlich über die Heckwelle des Motorbootes.
Führen Sie Ihre Kunststücke in genügender Entfernung vom Ufer aus. Bedenken Sie, daß nach einem Sturz das Board unkontrolliert noch ein Stück weiterschießt.

Windskating

Wagemutige Windsurfer verwenden ihr Rigg auch auf hartem Asphalt. Hauptsächlich wird es auf Skateboards oder sog. Windroller montiert. Man nutzt lediglich die Windkraft. Gesteuert wird das Gefährt wie ein Skateboard durch Verlagerung des Körpergewichts, so daß die beweglichen Rollenpaare Kurven einschlagen.

Während das Windskaten auf dem Asphalt nur geringe Geschwindigkeiten zuläßt und mit äußerster Vorsicht durchgeführt werden muß, ist Windrollern wesentlich interessanter. Windroller, die statt Rollenpaaren kleine Ballonreifen haben, finden immer mehr Anhänger. In Amerika werden sie hauptsächlich an Sandstränden verwendet.

Fachwortverzeichnis

Abdrift Das seitliche Abtreiben eines Segelfahrzeuges durch den Wind.
abfallen Nach Lee wegdrehen.
ablandig Der Wind weht vom Land aufs Wasser.
absurfen Gemeinsames Surfen zum Ende der Saison.
abtakeln Das Entfernen von Mast und allem stehenden und laufenden Gut.
achteraus Rückwärts oder hinter dem Boot.
Achterliek Die rückwärtige Kante eines Segels.
achtern Hinten auf dem Boot.
anliegen 1. Direkt ein Ziel ansteuern. 2. Einen bestimmten Kurs am Wind segeln.
anluven Höher in den Wind drehen.
anschäkeln Etwas mit einem Schäkel befestigen.
ansurfen Gemeinsamer Start in die Surfsaison.
aufbrisen Der Wind wird stärker.
auffieren Mit der Segelhand dem Winddruck nachgeben.
auffrischen Der Wind nimmt zu.
auflandig Der Wind weht zum Land hin.
aufriggen →auftakeln.
aufschießen 1. Ein Boot zum Stoppen in den Wind drehen. 2. Eine Leine in Buchten zusammenlegen.
auftakeln Den Mast setzen und stehendes Gut anbringen.
Auge 1. Ring, Loch, Öse in einem →Tampen. 2. Gelegte Schlinge mit einem Tau.
back Soviel wie »entgegengesetzt«. →backhalten.
Backbord In Fahrtrichtung gesehen die linke Seite eines Bootes.
Backbordbug Das Segel steht auf der Backbordseite.
backhalten Das Segel gegen den Wind bzw. zur falschen Seite halten.
Balance-Übung Ohne Rigg auf dem Board balancieren.
Bändsel Dünnes Tauwerk.
Beaufort-Skala Tabelle für Windstärken.
belegen Eine Leine festmachen.
bergen 1. Ein Segel bergen, herunternehmen. 2. Etwas in Sicherheit bringen. 3. Ein havariertes Fahrzeug abschleppen.
Beschlag Bau- und Zubehörteile, Schienen, Klampen, Bolzen.
Betonnung Die Kennzeichnung eines Fahrwassers durch schwimmende Seezeichen.
Board Segelbrett.
Bodydip Eine Free-Style-Figur, bei der der Rumpf das Wasser berührt.
Bö Plötzlicher Windstoß.
Boje Ein verankerter Schwimmkörper zum Festmachen von Fahrzeugen oder zur Markierung bestimmter Stellen.
Bojenstein Ein schwerer auf Grund liegender Stein oder Betonklotz, an dem meist die Boje mit Ketten befestigt ist.
Bootsurfing Wasserskilauf mit einem Surfbrett.
Brandungssurfen Das Surfen in der Brandung mit einem Segelbrett.
Brecher Eine sich überschlagende Welle.
Bug Vorderster Teil eines Schiffes.
Camber Inducer Vorrichtung, die einerseits dem Segel ein optimales Profil geben soll und andererseits durch eine zangenförmige Konstruktion die Bewegung des Segels am Mast garantiert.
Cat Eine Takelungsart, bei der die Boote kein Vorsegel, sondern nur ein Großsegel fahren.
Crew Besatzung, Mannschaft eines Schiffes.
Deck Oberer Abschluß des Schiffes.
dichtholen Mit der Segelhand das Segel zum Körper bzw. das Gabelbaumende näher zur Brettlängsachse ziehen.
Drehübung Aus der Grundstellung durch Anlehnen des Segels an den Wind das Brett drehen.
Dreieckskurs Durch 3 Bojen markierte Bahn für Segelregatten.
360er Drehung des Boards unter dem Segel um 360°.
Dünung Nach einem Sturm weiterlaufende Wellen.
dwars Quer, querab, von der Seite.
Ebbe Sinken des Wasserspiegels durch die Gezeiten.
Einheitsklasse Klasse für das Regattasurfen, bei der alle Teile des Boards und des Riggs gleich sind. Als Eintypklasse sind alle Bretter von einem Hersteller. Die Re-

gatten der Olympischen Spiele werden z. B. auch als Eintypklasse gefahren.

Eintypklasse »Werftklasse«, Serienherstellung von einem Hersteller, z. B. Mistral-Segelbrett.

Faden Englisches, nautisches Längenmaß für Tiefenangaben; 1 Faden = 6 Fuß = 1,83 m.

Fahrstellung Die Stellung des Surfers auf dem Brett nach Vollzug des Starts.

Fahrtwind Der Wind auf einem fahrenden Schiff, tatsächlich nur spürbar bei völliger Flaute.

Fahrwasser Bezeichneter Weg in Küstengewässern.

Fallwind Von oben einfallender Wind.

festmachen Ein Boot befestigen.

fieren →auffieren.

Finne Eine Stabilisierungsflosse unter dem Heck.

Flagge Viereckige Fahne.

Flaute Keine oder sehr schwache Luftbewegung.

Flextail Flexible Heckkonstruktion, die vor allem die Fahreigenschaften in engen Kurven verbessern soll.

Flut Ansteigendes Wasser, Gegenteil von Flut →Ebbe.

Funboard Kurzer, wendiger Brett-Typ, sozusagen das Brett der 3. Generation. Ca. 2,90 bis 3,40 m lang, 8 bis 16 kg schwer, meist 2 bis 3 Finnen, evtl. kleines, voll versenkbares Varioschwert.

Funboardklasse Mit Funboards gefahrene Regattaklasse. Sie wird meist in den Disziplinen Slalom und Kursrennen ausgetragen.

Fuß Engl. Längenmaß; 1 Fuß = 30,5 cm.

Gabelbaum Zwei nach außen gekrümmte Holzgabeln oder Aluminiumrohre. Sie spannen das Segel und dienen zum Halten des Riggs.

GFK Glasfaserverstärkter Kunststoff.

gieren Ständiges Ausscheren eines Bootes aus dem Kurs.

Gischt Hochspritzendes Wasser.

Grundstellung Segel im rechten Winkel zum Board. Hände an der Startschot. Ein Fuß steht vor dem Mast, der andere auf dem Schwertkasten.

Gun Sehr schmales Brett, das auf Kosten der Wendigkeit für hohe Geschwindigkeiten geeignet ist.

Halbwindkurs Der wahre Wind weht im rechten Winkel zur Bootslängsachse.

Hals Die vordere, untere Ecke eines Segels.

Halse, halsen Eine Kursänderung eines Bootes um etwa 180°, bei der das Heck durch den Wind dreht.

hart So weit wie möglich, hart am Wind segeln, das Ruder hart legen.

hart am Wind Der Winkel zwischen Fahrtrichtung gegen den Wind und Windrichtung ist möglichst klein, →hoch am Wind.

Havarie Ein Schaden am Schiff.

Headdip Eine Free-Style-Figur, bei der der Kopf das Wasser berührt.

Heck Der achtere Teil eines Bootes.

heißen Hochziehen.

hoch am Wind Der Winkel zwischen Fahrtrichtung gegen den Wind und Windrichtung ist möglichst klein. →hart am Wind.

Hochsegel Ein Segel, bei dem der Kopf an der Mastspitze sitzt.

Hochtakelung Moderne Takelungsart mit dreieckigem Hochsegel.

Holebug Beim Kreuzen segelt man Höhe heraus, nähert sich aber dem Ziel nicht.

IYRU International Yacht Racing Union.

Jolle Kenterbares, aber unsinkbares Schwertboot.

Jumbo Surfer mit höherem Gewicht. Nachdem Fahreigenschaften auch vom Gewicht abhängig sind, stellt sich die Industrie auf verschiedene Gewichtsklassen ein.

Kabbelwellen Unregelmäßige Wellen.

Kälteschutzkleidung Eine Neoprenkleidung, die den Körper vor Unterkühlung schützt.

kappen Durchschneiden eines Endes.

Kardangelenk Ein Kreuzgelenk, Verbindung zwischen Mastfuß und Mast, die das Rigg nach allen Seiten beweglich macht.

Katamaran Doppelrumpfboot.

kentern Umkippen eines Bootes.

Kentersturz Drehung des Brettes während der Fahrt um die Längsachse.

HiFly

Fachwortverzeichnis

Kiel Unterer Längsbalken eines Schiffes.
killen Flattern des Segels.
Knickspant Eine Bauweise mit eckiger Bootsform. Z. B. Pirat.
Knieschub Die Verlagerung des Körperschwerpunktes zur Brettlängsachse durch Vorwärtsschieben der Knie.
Knoten Seemeilen pro Stunde.
Kompositbauweise Die Bauweise eines Schiffes aus verschiedenen Materialien.
Konstruktionsklasse Auch Division II genannt, umfaßt diese Klassenvereinigung die Verdrängerbretter. Mit ihnen werden die Regatten auf olympischem Kurs absolviert.
Kopf Oberes Eck eines Segels.
krängen Seitliches Neigen eines Schiffes.
kreuzen Auf Zickzackkurs am Wind gegen den Wind segeln.
Kurs Fahrtrichtung.
Kurs halten Die gewünschte Fahrtrichtung einhalten.
Lateralplan Die unter Wasser befindliche Fläche des Längsschnittes eines Schiffes.
Lateralschwerpunkt Der Flächenschwerpunkt aller Teile im Wasser. Auch Lateraldruckpunkt.
Lattentasche Auf das Segel am Achterliek aufgenähte schmale Taschen zur Aufnahme der Segellatten.
Leck Ein Loch im Schiffskörper.
leegierig Bestreben eines Bootes, abzufallen.
lenzen Leerpumpen.
Liek Die Kante eines Segels.
Luv Die dem Wind zugekehrte Seite.
luvgierig Bestreben eines Bootes, in den Wind zu drehen.
Manöverkreis Ein zusammenhängender Ablauf von Start, Anluven, Wende, Abfallen, Halse, Anluven und neuem Start in Form eines Kreises.
Mast Ein strapazierfähiges, biegsames, konisches oder zylindrisches Rohr, an dem das Segel befestigt ist.
Mastfuß Die Verbindung zwischen Mast und Segelbrett.
Mastfußhülse Eine Vertiefung zum Einsetzen des Mastfußes.
Masthand Die Hand am Gabelbaum neben dem Mast.
Mastschiene Bewegliche Führung des Mastfußes im Brett.
Mastspitze Ein speziell geformtes Mastende.
mittschiffs Die Mitte des Schiffes sowohl in Längsrichtung als auch in Querrichtung.
Mole Ein Damm, der den Hafen schützt.
Neopren Mit Luftzellen durchsetzter Gummi.
Niedrigwasser Niedrigster Wasserstand in einer → Tide; Tiefpunkt während der → Ebbe.
Offene Klasse Eine Klasse ohne jede Beschränkung. Sie wird meist mit Marathonwettbewerben ausgetragen.
Olympische Klassen Bootsklassen, die aus dem Kreis der internationalen Klassen für die olympischen Regatten bestimmt werden.
Olympischer Kurs Ein durch 3 Bojen markierter Dreieckskurs, der Kreuzstrecken, Raumwind- und Vorwindstrecken enthält.
Pier Anlegestelle oder Hafendamm.
Pinne 1. Hebelarm zum Betätigen des Ruders. 2. Spitze Auflage für die Kompaßrose.
Pintail Spitz zulaufendes Heck des Brettes.
Power joint Teil des Mastfußes aus Gummi, das sozusagen die Segelkraft auf das Brett überträgt.
Profilsegel Durchgelattetes Segel, das das Profil auch bei stärkerem Wind relativ stabil hält.
querab Im rechten Winkel zur Bootslängsachse.
Querkraft Die Kräfte, die im rechten Winkel zur Sehne der Segelwölbung wirken.
Raceboard Langes Brett mit relativ viel Volumen, das vor allem für Regatten geeignet ist.
Raum Ausruf: Achtung, ich habe Vorfahrt!
raumer Wind Der Bereich zwischen Halb-Wind-Kurs und Vorwindkurs.
raumschots Kurs bei raumem Wind.
recht Soviel wie direkt, genau, richtig.
Reck Ausdehnung von Tauwerk und Segeltuch durch Belastung.

Fachwortverzeichnis

reffen Die Segelfläche verkleinern.
Regatta Segelwettfahrt-Serie.
Regattaklassen Auf bestimmte Konstruktionsmerkmale und Veranstaltungsarten abgestimmte Klassifizierung der Surfbretter. In diesen Klassen können dann mit relativer Chancengleichheit wettbewerbsmäßig Regatten gefahren werden.
Es gibt Einheitsklasse, Funboardklasse, Konstruktionsklasse, offene Klasse.
Rigg Alles was sich beim Segelbrett über dem Board befindet. → Takelage.
runden Um etwas herumfahren, z. B. eine Boje runden.
Schäkel Ein Metallbügel mit Schraub- oder Steckbolzen zum Verbinden verschiedener Teile.
scheinbarer Wind Ergibt sich aus dem Zusammenwirken von Fahrtwind und wahrem Wind.
schiften Wechseln der Segelseite auf Vorwindkurs ohne Kursänderung.
Schleudersturz Der Surfer kann das Segel beim Abfallen nicht mehr halten und wird nach vorne, in Richtung Bug umgerissen.
Schmetterlingssurfen Zwei Segelbretter auf Vorwindkurs eng nebeneinander mit je einem Segel über Backbordbug und einem über Steuerbordbug.
Schot Ein Ende zum Bedienen der Segel.
Schothorn Achteres, unteres Eck eines Segels.
schralen Drehen des Windes, so daß er mehr von vorne einfällt.
Schrittwende Eine Wende, bei der mit einem Schritt der Mast gerundet wird.
Schwert Längliche, profilierte Platte aus Holz oder Kunststoff, die von oben in den Schwertkasten eingeführt wird und das seitliche Abtreiben des Brettes verhindert, wichtig für die Fahreigenschaften.
Schwertkasten Verstärkter Teil des Brettes, der das Schwert aufnimmt.
Segelfenster Ein Fenster im unteren, vorderen Bereich des Segels, um genügend freie Sicht nach allen Seiten, hauptsächlich auf Vorwindkurs, zu gewährleisten.
Segelhand Die Hand, mit der das Segel gefiert wird.
Segelnummer Dient zur Unterscheidung und Registrierung des Segels.
Segelschwerpunkt Alle Windkräfte, die auf das Segel wirken, in einem Punkt konzentriert. Auch Segeldruckpunkt.
Segelzeichen Klassenbezeichnung.
Semisinker Kurzes Brett, das gerade soviel Volumen aufweist, daß es mit Rigg und Surfer ohne Windantrieb nicht absinkt.
Shape Die Form des Brettes, aber auch der Vorgang der Formgebung.
Simulator Ein Trockentrainer, Gerät zum Erlernen der wichtigsten Steuermanöver beim Windsurfen.
Sinker Kleines Brett mit geringem Volumen. Ohne Windantrieb sinkt das Brett unter die Wasseroberfläche. Ca. 2,20 bis 3 m lang, 7 bis 14 kg schwer, kein Schwert, 1 bis 3 Finnen.
Sitztrapez Eine Trapezform, die günstigere Druckverteilung und bessere Lage als Schwerpunkt als der übliche Brustgurt gewährleistet. Moderne Sitztrapeze sind wie kurze Hosen geschnitten.
Slalomboard Kurzes wendiges Brett mit geringem Volumen.
Slipstek Schleifenartiger, einfacher Knoten, der mit einem Zug zu lösen ist.
Spant Quer- oder Längsrippe eines Bootskörpers.
Speed Heißt so viel wie Geschwindigkeit. Beim Surfen bedeutet Speed, daß der Schwerpunkt beim Schnell-Fahren liegt.
Spiegel Der achterliche Abschluß des Hecks.
Spiere Jede Art von Rundholz außer dem Mast.
Spin Out Abreißen der Strömungslinie an der Finne bei hohen Geschwindigkeiten. Der Spin-Out führt zum Ausbrechen des Hecks und damit zum Verlust der Manövrierbarkeit.
Spreizlatten Die Kunststofflatten im achteren Teil des Segels, die dafür sorgen, daß das Segel sein günstigstes Profil behält.
Sprungwende Eine Wendeform, bei der mit einem Sprung auf die andere Seite des Segelbrettes gewechselt wird.
Stander Eine kleine Flagge, wird im Top des Mastes gefahren und meistens am drehbaren Verklicker befestigt.

Fachwortverzeichnis

Starkwindstart Ein spezieller Start des Windsurfer bei mehr als 4 Beaufort.

Startschot Eine Schot, mit der das Rigg aus dem Wasser aufgeholt wird.

Steuerbord in Fahrtrichtung gesehen die rechte Seite des Bootes.

Steuerbordbug Man segelt über Steuerbordbug, wenn das Segel auf der Steuerbordseite steht.

Stopphalse Eine Form der Halse, mit der das Segelbrett möglichst schnell zum Stillstand gebracht werden soll.

Streckbug Beim Kreuzen der Bug, mit dem man weniger Höhe gewinnt, sich aber dem Ziel nähert.

Stromversetzung Eine Veränderung des Kurses eines Schiffes durch die Strömung.

Sturmschwert Spezielles Schwert mit reduzierter, mehr nach achtern verlagerter Fläche.

Swallowtail Flossenartige Teilung des Hecks.

Takelage Sammelbegriff für alles stehende und laufende Gut.

Tampen Das Ende eines Taues.

Tandem Ein Segelbrett für zwei Personen mit 2 Riggs.

Tonne 1. Schwimmendes Seezeichen. 2. Gewichtsmaß. 3. Raummaß: eine Registertonne ist 2,83 cbm.

Tide Hebung oder Senkung des Meeresspiegels in bestimmtem, regional verschiedenem Rhythmus.

Top Oberes Ende, z.B. eines Mastes, Segels.

Törn 1. Seereise. 2. Ungewollte Verdrehung im Tauwerk.

Trapez Ein Brustgurt mit Haken, mit dem beim Windsurfen Segel- und Masthand weitgehend entlastet werden können.

Trimaran Dreirumpfboot.

trimmen Etwas in die rechte Form bzw. in die richtige Lage bringen, z.B. Segel, Boot.

Trimmschot Ein Ende zum Trimmen des Segels.

Twist Verwindung des Segels um seine Längsachse. Beeinflußt die Segeleigenschaften entscheidend.

überlappen 1. Bauart, bei der eine Planke dachziegelartig die andere überlappt (Klinkerbauweise). 2. Beim Regattasegeln: ein Boot überlappt das andere, wenn keines klar achteraus oder klar voraus liegt.

Überzogene Wende Eine Wendeform, bei der das Ende des Gabelbaums über die Bootslängsachse gezogen wird.

Unterliek Die untere Kante eines Segels.

unterschneiden Der Bug des Segelbrettes wird von Wellen überspült und nach unten gedrückt.

Variogabel Auf verschiedene Längen einstellbare Gabel.

Vorliek Die vordere Kante eines Segels.

Vorliekstrecker Eine Schot, mit der das Vorliek straff gespannt werden kann.

Vorwindkurs Ein Kurs, auf dem der Wind von hinten kommt.

wahrer Wind Der tatsächliche Wind, wie man ihn auf einem Boot ohne Fahrt oder an Land wahrnehmen kann.

Wende, wenden Ein Manöver, bei dem das Boot mit dem Bug durch den Wind dreht.

Winger Seitlich am Heck des Brettes ausgebildete Stufen, die vor allem den Kantengriff beim Halsen verbessern sollen.

Yacht Allgemein, Sportboot; speziell, Kielboot im Gegensatz zur Jolle.

Yardsticksystem Ein System mit Meßzahlen, das das Regattasegeln verschiedener Bootsklassen gegeneinander ermöglicht.

Zyklone Tiefdruckgebiet.